DAS LERNSTOFF ÜBUNGSBUCH

Catherine Gagnon & Klaus Sturm

Basiswissen Französische Grammatik

Teil 1: Grundlagen – Verben und Zeiten

Die Deutsche Nationalbibliothek – CIP-Einheitsaufnahme
Ein Titeldatensatz für diese Publikation ist bei der Deutschen Nationalbibliothek erhältlich.

Der Inhalt des Buches ist mit größtmöglicher Sorgfalt erarbeitet und geprüft worden.
Wenn sich trotzdem ein Fehler eingeschlichen haben sollte, sind Autoren und Verlag dankbar für jede schriftliche Rückmeldung.

SKG-Verlag · Am Mühlberg 20 · 86441 Zusmarshausen
E-Mail: info@SKG-Verlag.de · Internet: www.SKG-Verlag.de

1. Auflage 2008

Copyright 2007 · SKG Verlag, Zusmarshausen

Umschlaggestaltung, Layout und Satz: imprint Zusmarshausen
Druck und Bindung: Himmer AG, Augsburg
Printed in Germany

ISBN 978-3-937270-06-7

DAS ÜBUNGSBUCH
LERNSTOFF

Catherine Gagnon & Klaus Sturm

Basiswissen Französische Grammatik

Teil 1: Grundlagen – Verben und Zeiten

Lösungen

Die regelmäßigen Verben

Seite 7 – Exercice 1

1. pose
2. débute
3. commençons, parlent, mangent, arrête, mangeons
4. rentres
5. recommencent, travaille, quitte
6. aimes
7. J'aime, préfère, m'ennuie, termine, dînons
9. répète, rangeons, nageons, j'essaie/essaye

Seite 7 – Exercice 2

1. Caroline essaie/essaye de faire le devoir de mathématiques.
2. Le cours de géographie ennuie François et Michel.
3. Mon père achète le journal tous les matins.
4. Les élèves ne répètent pas assez leurs conjugaisons.
5. Qui est-ce que tu appelles?
6. Daniel espère aller en Italie cet été.
7. Mes parents ne sortent jamais le soir.
8. J'envoie toujours des cartes postales à mes amis.

Seite 8 – Exercice 3

1. Range ta chambre tout de suite!
2. Mangeons dans le jardin!
3. Appelez mamie!
4. Envoie une carte d'anniversaire à Marie-Hélène!
5. Commençons!
6. Répétez la dernière phrase!

Seite 8 – Exercice 4

(1) sommes
(2) dors
(3) sort
(4) réfléchissent
(5) est
(6) réussit
(7) demande
(8) choisis
(9) répond
(10) suis
(11) pense
(12) a
(13) n'avons
(14) sommes
(15) perdons
(16) sont
(17) j'attends
(18) descend
(19) partons

Seite 8 – Exercice 5

1. Stéphanie et moi choisissons souvent nos vêtements ensemble.
2. Je pars au ski samedi prochain./ Samedi prochain, je …
3. Mon père ne perd jamais patience.
4. Est-ce que vous entendez ce bruit bizarre?
5. Pourquoi est-ce que tu ne réponds pas à mes courriels?

6. Son train part très tôt demain matin.
7. Il réussit toujours ses examens parce qu'il est très studieux.
9. Les Français sont d'excellents joueurs de foot.
10. Nous attendons le bus depuis une heure.
11. Elle choisit souvent la même chose dans ce restaurant.

Seite 9 – Exercice 6

1. Ne sois pas si impatiente!
2. Les enfants dorment en général beaucoup, mais mon petit frère dort peu.
3. Nous sortons de la maison à 8 h 15 le matin.
4. Ne soyez pas si bruyants! Je réfléchis.
5. Je n'ai pas envie d'attendre tes copains parce qu'ils sont toujours en retard.
7. Finis tes devoirs!
8. Ces élèves ne répondent jamais aux questions du professeur.
9. Tu as /Est-ce que tu as un frère ou une sœur?
10. Vous êtes beaucoup trop tôt, je ne suis pas encore prêt/e.
12. Sortons!
13. Ça/Cela dépend de toi!
14. Attendez-nous en bas, nous descendons tout de suite.
15. Ne perds pas de temps.
16. Elle réfléchit beaucoup trop.
17. Soyez à l'heure s'il vous plaît!

Seite 10 – Exercice 7

1. raconte
2. J'ai, suis, sont, trouve, a
3. as
4. ont
5. avez
6. avons
7. est
8. est
9. êtes
10. sommes
11. es

Seite 10 – Exercice 8

1. Comment est-ce que tu t'appelles?/ Tu t'appelles comment?
2. Tu es Français?/ Est- ce que tu es Français?
3. Tu as quel âge/Quel âge est-ce que tu as?
4. Tu es seul ici/Est-ce que tu es seul ici?
5. Vous êtes d'où?/D'où est-ce que vous êtes?
6. Vous habitez où?/Où est-ce que vous habitez?
7. Vous restez en Provence combien de jours?/Combien de jours est-ce que vous restez en Provence?
8. Qu'est-ce que tu préfères? Les montagnes ou la mer?

Seite 11 – Exercice 9

(1) sommes
(2) est
(3) J'aime
(4) fête
(5) commençons
(6) a

(7) réfléchis
(8) donne
(9) attendent
(10) achètent
(11) réussissent
(12) envoyons
(13) habitent
(14) essaie/essaye
(15) envoient
(16) c'est
(17) apporte
(18) répond
(19) entend
(20) adorent
(21) préparent
(22) mangeons
(23) finit
(24) sont
(25) espèrent
(26) n'ont
(27) dorment
(28) rêvent
(29) descend
(30) sortent
(31) trouvent
(32) fêtez
(33) ont
(34) attendent
(35) mange
(36) Envoie-moi
(37) raconte-moi

Seite 12 – Exercice 10

1. L'histoire commence un bel après-midi. Christine et Anne-Marie sont au parc et elles regardent les gens.
2. C'est tranquille. Des oiseaux chantent, des enfants jouent et quelqu'un ramasse des bouteilles vides.
3. Christine et Anne-Marie s'ennuient parce qu'il ne se passe rien.
5. Tout à coup, on entend un bruit curieux, puis quelqu'un crie: «Au voleur!»
6. Au même moment, un homme arrive dans le parc. Il porte des lunettes de soleil noires et il a un paquet bizarre sous le bras.
7. Christine:«Anne-Marie, regarde cet homme!» Mais Anne-Marie ne répond pas, elle dort. «Anne-Marie, réveille-toi! » «Quoi?»
8. L'homme se cache maintenant derrière un arbre et ne bouge plus.
9. Christine réfléchit. « Anne-Marie, (est-ce que) tu as ton portable?» «Oui, bien sûr!» «Alors appelons tout de suite la police!»
10. «Pourquoi?» «Derrière l'arbre, il y a le voleur qu'elle cherche.» «Voleur? Quel voleur?» «Donne-moi ton portable!» Christine appelle la police.
11. Quelques minutes plus tard, les policiers sont là. Un policier crie: «Ne bougez pas!» Le voleur sort alors de sa cachette. Les policiers réussissent à arrêter l'homme.
12. Anne-Marie: «Nous sommes les héroïnes de la journée!» Christine:«Nous? Je /C'est moi qui suis l'héroïne! » Anne-Marie: «C'est bon, c'est bon, Sherlock Holmes!»

Die unregelmäßigen Verben I

Seite 17 – Exercice 1

1. vivons
2. vas
3. connaissent
4. prenez
5. rit
6. cours
7. reçoivent
8. peut
9. fais
10. croyons
11. savez
12. dois
13. vient
14. croient
15. mets
16. plaisez
17. lis
18. veut
19. disons
20. évrivez

Seite 17 – Exercice 2

1. fais
2. lit
3. prenons
4. viens
5. di tes
6. met
7. faites
8. écrivent
9. peux
10. va
11. faisons
12. plaisent
13. pouvons
14. veulent
15. sais
16. crois
17. voit
18. voyez
19. savent
20. prends
21. viennent

Seite 17 – Exercice 3

1. Mes parents savent parler le chinois.
2. Qu'est-ce que v ous faites?
3. Les Anglais prennent le thé à cinq heures.
4. Son dernier CD ne me plaît pas.
5. Elle va au Québec cet automne.
6. Daniel et Annie ne peuvent pas sortir ce soir.
7. Le Père Noël reçoit chaque année beaucoup de lettres./Chaque année le Père Noël reçoit beaucoup de lettres.
8. Ses grands-parents vivent en Bretagne.
9. Ma mère met toujours trop de sel dans la soupe.
10. Vous devez rentrer avant 21 heures.
11. Personne ne rit de ses blagues.
12. Est-ce que vous connaissez la Normandie?
13. Je dois partir tout de suite.
14. Pourquoi est-ce que tu cours?
15. Qu'est-ce que vous dites?
16. Je prends le bus pour aller au collège.
17. Les jeunes ne lisent plus les journaux.
18. Vous voyez/Voyez-vous l'avion là-bas?
19. Ma sœur ne veut jamais ranger sa chambre.
20. Est-ce que tu mets ta robe bleue pour l'anniversaire de mamie?

Seite 18 – Exercice 4

1. Monsieur Dupont est un prof sévère. Il dit toujours aux élèves ce qu'ils doivent faire.
2. Il veut (tout le temps) donner des ordres (tout le temps)
3. Lisez la page 15! Ne perdez pas votre temps! Faites l'exercice 2! N'écrivez rien sur la feuille!
4. Il ne rit jamais quand les élèves font des blagues.
5. Nous ne pouvons jamais aller aux toilettes. Nous devons toujours attendre jusqu'à la récréation.
6. Quand un élève ne connaît pas la réponse, M. Dupont dit: «Apprends correctement!»
7. Mais monsieur Dupont me plaît quand même parce qu'il sait très bien expliquer les choses.
8. En fait, je sais aussi qu'il aime beaucoup ses élèves.

Seite 19 – Exercice 5

1. viennent, veux, sais
2. faisons
3. peux, plaît
4. C'est, prends, fais
5. doit
6. prend, sépare, doit
7. faites
8. ajoutons, mélange, met, vois, peut
9. crois
10. j'écris, cours

Seite 19 – Exercice 6

1. veux
2. peux, dois
3. savent
4. peux
5. crois
6. veut, peut

Seite 20 – Exercice 7

1. connaissez
2. connaissons, savons, connaissons
3. connais
4. connais
5. sais
6. sais, connais, connais, sait

Seite 20 – Exercice 8

(1) reçoit
(2) quittent
(3) disent
(4) vivent
(5) sont
(6) possède
(7) est
(8) a
(9) viennent
(10) veulent
(11) peuvent
(12) habitent
(13) provoque
(14) définit
(15) ont

Seite 21 – Exercice 9

Une école écolo
1. Les élèves de mon école font beaucoup pour l'environnement.
2. Qu'est-ce que vous faites exactement?/ Vous faites quoi exactement?
3. Deux fois par année, nous nettoyons la cour de récréation.
4. Est-ce que tous les élèves doivent aider?/Tous les élèves doivent aider?
5. Ils ne doivent pas, mais ils veulent tous aider.
6. Est-ce que vous avez d'autres projets?
7. Oui, nous trions par exemple les déchets pour le recyclage.
8. Les gens croient que les jeunes ne s'intéressent pas à l'environnement. Mais ce n'est pas vrai.
9. Chaque année, notre école organise une journée de l'environnement. Elle invite des experts pour informer les élèves.
10. On apprend ce qu'on peut faire pour protéger l'environnement.
11. Et toi? Qu'est-ce que tu fais exactement contre la pollution de l'environnement?
12. Je ne prends pas de sacs en plastique. De plus, j'achète seulement des produits qui ont un emballage non polluant.
13. Comme tu vois, chacun de nous peut contribuer à la protection de l'environnement.

Seite 22 – Exercice 10

(1) avons
(2) voulons
(3) est
(4) doivent
(5) sont
(6) dépendent
7) achètent
(8) se sentir
(9) peut
(10) demander
(11) a
(12) chercher
(13) dorment
(14) savent
(15) ont
(16) permet
(17) appelons
(18) envoyons
(19) disons
(20) allons
(21) comporte
(22) entend
(23) reçoivent
(24) parlent
(25) coûte
(26) pouvons
(27) savons

Die zusammengesetzten Formen

Seite 26 – Exercice 1

1. travaillé
2. connu
3. venu
4. allé
5. pu
6. attendu
7. su
8. dit
9. eu
10. écrit
11. mis
12. dû
13. cru
14. fini
15. plu
16. couru
17. fait
18. voulu
19. dormi
20. vécu
21. lu
22. été
23. ri
24. pris
25. reçu
26. vu

Seite 26 – Exercice 2

1. as fait
2. ai été
3. avez aimé
4. avons adoré
5. avez vu
6. avons passé
   ont visité
   avons marché
   avons acheté
   a pris
   a écouté
7. as compris
8. ai eu
   ai réussi
   avons trouvé
   ai rencontré
   a ri
9. avez visité
10. a fait
    avons pu
    avons fini
    a plu
    ai aimé
    ont préféré
    ai lu
    a fondé
    avons repris

Seite 27 – Exercice 3

(1) suis allée
(2) sont venus
(3) sommes partis
(4) est arrivé(s)
(5) sommes entrées
(6) est allé
(7) est rentré
(8) sommes restées
(9) sommes sorties
(10) sommes allées
(11) suis descendue
(12) suis tombée
(13) est devenu
(14) est venue

Seite 27 – Exercice 4

(1) a été
(2) sont entrés
(3) sont montés
(4) ont trouvé
(5) ont pris
(6) sont descendus
(7) ont mangé
(8) sont sortis
(9) sont partis
(10) a entendu
(11) a vu
(12) a appelé
(13) est arrivée
(14) ont commencé
(15) ont trouvé
(16) sont allés
(17) sont restés
(18) ont attendu
(19) sont rentrés
(20) a pu

Seite 28 – Exercice 5

1. ils ne sont pas rentrés de vacances
2. elle l'a corrigée.
3. elle ne lui a pas écrit.
4. ils ne l'ont pas achetée.
5. nous l'avons/je l'ai vue.
6. il ne nous a pas plu.
7. ils les ont finis.
8. il ne les a pas montées.
9. elles ne sont pas sorties.
10. je les ai apprises.
11. nous ne l'avons/je ne l'ai pas entendue.
12. il l'a faite.
13. ils ne sont pas venus.
14. je l'ai reçue.
15. ils ne l'ont pas écrite.
16. ils ne sont pas partis.

Seite 29 – Exercice 6

1. Est-ce que tu as assez mangé?
2. Amélie n'est pas allée à l'école ce matin./Ce matin, Amélie …
3. Benedikt et Sebastian ont fait leurs devoirs ensemble.
4. Nous ne sommes pas rentré(e)s tard.
5. Est-ce qu'elles sont déjà parties?
6. Heureusement, vous êtes arrivé(e)s à l'heure.
7. La semaine dernière, Olivier a couru un marathon./Olivier a couru un marathon la semaine dernière.
8. Les enfants ont joué sagement.
9. Tu n'as pas bien appris tes leçons.
10. Malheureusement, le film ne nous a pas plu.
11. Est-ce que vos amies sont rentrées tôt?
12. Alexandra a mangé lentement sa glace./… sa glace lentement.
13. Tu as encore oublié ton parapluie dans le bus.
14. Leur fille est née avant hier./Avant-hier, leur fille est née.
15. J'ai fait rapidement la traduction.

Seite 30 – Exercice 7

1. Juliette Binoche est neé le 9 mars 1964 à Paris.
2. Plus tard, Juliette, sa mère et sa sœur Marion ont vécu dans le Loir-et-Cher.
3. La mère de Juliette, Monique Stalens, a été sa première prof de théâtre.
4. À 17 ans, Juliette est allée à Paris. Là, elle a commencé sa formation au conservatoire.
5. En 1986, elle a reçu le prix Romy Schneider pour son rôle dans le film Rendez-vous d'André Téchiné.
6. Juliette Binoche n'a pas joué seulement dans des films. Elle a d'abord fait aussi du théâtre. D'abord, elle a fait …
7. Grâce à son rôle dans le film Le patient anglais, elle a été la deuxième actrice française récompensée par un Oscar.
8. (Depuis), Juliette est (depuis) devenue une star internationale.

Seite 30 – Exercice 8

1. Cet automne, Benedikt va faire des études à Rouen./ Benedikt va faire des études à Rouen cet automne.
2. Les élèves vont faire un échange avec un collège français.
3. Je ne vais pas le lui dire.
4. Tu vas lui écrire?
5. Nous allons bientôt partir pour les États-Unis.
6. Est-ce que vous allez lui demander le chemin?
7. Naturellement, je vais leur envoyer une invitation.
8. Sophie ne va pas prendre son parapluie.

Seite 31 – Exercice 9

Demain, comme d'habitude … nous allons prendre le petit déjeuner à 7 heures, sauf mon frère, il ne va rien manger. Mon père va quitter la maison à 7 heures 30. Mon frère et moi allons partir pour l'école à 8 heures. Ma mère va commencer à travailler à neuf heures. À midi, je vais manger à la cantine avec mon frère. Mon père, lui, va déjeuner au restaurant avec des clients. Ma mère ne vas pas beaucoup manger à midi. Elle va prendre seulement un sandwich au bureau, puis elle va faire des courses ou elle va aller à la bibliothèque municipale. Après l'école, je vais acheter des pains au chocolat à la boulangerie pour mon frère et moi. On va les manger à la maison et on va faire tout de suite nos devoirs. Ensuite, je vais jouer du violon jusqu'à 19 heures. Mon frère et ses amis vont jouer au basket. Mon père va rentrer du boulot vers 19 heures 15 et va préparer le dîner. Ma mère va rentrer tard. Vers 20 heures, nous allons manger ensemble. Nous n'allons pas regarder la télé parce que nous allons aller tôt au lit.

Seite 32 – Exercice 10

1. Dans deux semaines, nous allons partir en vacances dans le sud de la France.
2. (Est-ce que) vous allez prendre l'avion?/ Allez-vous prendre …?
3. Nous n'allons pas prendre l'avion. Nous allons prendre le train autos-couchettes jusqu'à Nice.
4. Ma mère ne va pas pouvoir dormir parce qu'elle va être trop nerveuse.
5. Vous allez rester là-bas combien de temps?/Combien de temps est-ce que vous allez rester là-bas?
6. Nous allons rester ensemble une semaine. Mes parents vont ensuite parcourir seuls la Provence.

7. Tu ne vas pas aller avec eux? Qu'est-ce que tu vas faire?/ Tu vas faire quoi?
8. Je vais suivre un cours d'aquarelle à Antibes.
9. Quand est-ce que tu vas revoir tes parents?/Tu vas revoir tes parents quand?/ Quand vas-tu ...?
10. Ils vont venir me chercher après le cours à Antibes. Nous allons alors rentrer ensemble.

Seite 33 – Exercice 11

1. Pierre vient de réparer sa voiture.
2. Anthony et Colette viennent de rentrer de voyage.
3. Nous venons d'acheter une maison.
4. Je viens de ranger ma chambre.
5. Vous venez de faire du vélo.
6. Tu viens de finir tes devoirs.

Seite 33 – Exercice 12

1. je viens de la voir.
2. ils viennent de les terminer.
3. nous venons/on vient de les prendre.
4. il vient d'arriver.
5. je viens de lui téléphoner.

Seite 33 – Exercice 13

1. (Est-ce que) vous voulez un morceau de gâteau?/ Voulez-vous un ...? Non merci, nous venons de déjeuner.
2. (Est-ce que) tu viens d'acheter ce pantalon?/ Viens-tu d'acheter ...? Non, je ne viens pas de l'acheter. Je l'ai déjà depuis longtemps.
3. (Est-ce que) Stéphanie est là?/ Oui, elle vient de rentrer.
4. Les Dupont attendent de nouveau une naissance. Heureusement, ils viennent d'acheter une grande maison.
5. Mon père est très distrait. Il vient de perdre encore une fois ses clés.
6. Qu'est-ce que les enfants font?/ Les enfants font quoi?/ Que font les enfants? Ils viennent de sortir ensemble.
7. Nous avons raté le bus. Malheureusement, il vient de partir.
8. (Est-ce que)tu as vu mes chaussures?/ As-tu vu mes ...? Oui, je viens de les ranger dans l'armoire.
9. (Est-ce qu')on joue/nous jouons au tennis demain? Non, je viens de jouer au tennis aujourd'hui.

Die reflexiven Verben

Seite 37 – Exercice 1

1. se promènent
2. nous disputons
3. t'intéresses
4. me demande s'appelle
5. vous levez
6. se prépare
7. se retrouvent
8. s'occupe
9. s' ennuient
10. nous couchons
11. te caches
12. m'intéresse
13. vous amusez

Seite 37 – Exercice 2

1. Comment est-ce que tu t'appelles?
2. Il ne s'intéresse pas au foot.
3. Nous nous lavons toujours les mains avant le repas.
4. Ils ne se disputent jamais devant les enfants.
5. Où est-ce que vous vous retrouvez?
6. Je me prépare pour la fête.
7. Le bateau s'éloigne tranquillement du rivage.
8. Mme Vézina ne s'occupe plus de la troupe de théâtre.
9. Tu te couches toujours trop tard.

Seite 38 – Exercice 3

1. Levez-vous à l'heure!
2. Achetez-vous des croissants pour le petit déjeuner.
3. Ne vous disputez pas tout le temps!
4. Simon, lave-toi les cheveux!
5. Ne vous éloignez pas trop!
6. Émilie, occupe-toi de ton cochon d'Inde!
7. Olivia, ne te fâche pas pour un rien!
8. Ne vous achetez pas trop de sucreries!
9. Habillez-vous chaudement!
10. Retrouvons-nous à la pizzeria pour le dîner!

Seite 38 – Exercice 4

1. Sophie vient encore une fois de se disputer avec sa sœur. Sophie vient de se disputer avec sa sœur encore une fois.
2. Mon petit frère ne veut pas se brosser les dents.
3. Ils viennent de s'acheter une nouvelle voiture/voiture nouvelle.
4. Nous n'aimons pas nous promener sous la pluie.
5. Je dois toujours me dépêcher.
6. Est-ce que tu vas t'acheter la dernière B.D. de Titeuf?
7. Pourquoi est-ce que vous ne voulez jamais vous habillez en rouge?
8. Nous devons nous occuper du chien de nos voisins.
9. On va très bien s'amuser ce soir.
10. Je ne peux pas me concentrer sur le film.

Seite 39 – Exercice 5

(1) me promener
(2) m'intéresse
(3) me demande
(4) s'intéressent
(5) me souviens
(6) nous retrouvons
(7) se promène
(8) se disputent
(9) nous nous dépêchons
(10) se passe
(11) Ne vous inquiétez pas
(12) s'amuser
(13) m'occuper
(14) s'éloigne
(15) Achetons-nous/ Achète-toi
(16) nous balader
(17) s'approche
(18) approche-toi
(19) se cachent
(20) me rappeler

Seite 39 – Exercice 6

1. nous sommes levé(e)s
2. se sont disputées
3. t'es amusé
4. vous êtes promené(e)s
5. t'es lavé
6. me suis couché(e)
7. s'est ennuyé
8. me suis achetée
9. s'est dépêchée
10. se sont habillé(e)s
11. s'est passé
12. s'est caché
13. vous êtes trompée
14. s'est cassé

Seite 40 – Exercice 7

1. acheté –
2. acheté es
3. lavé s ?
4. lavé –
5. cassé –
6. cassé e
7. acheté s
8. acheté –

Seite 40 – Exercice 8

1. Les enfants ne se sont pas encore habillé(e)s.
2. (Est-ce que) vous vous êtes déjà préparé(e)s à l'examen?
3. Ses parents se sont inquiétés terriblement.
4. Nous nous sommes retrouvé(e)s au café avant-hier.
5. Il ne s'est jamais intéressé à la politique.
6. Les lunettes qu'il s'est achetées sont vraiment très à la mode.
7. Je me suis souvent occupé(e) des enfants de ma sœur.
8. Elle ne s'est pas acheté les lunettes de soleil bleues.
9. (Est-ce que) tu t'es bien amusée pendant les vacances, Elisabeth?
10. Je ne me suis pas assez concentré(e) sur le devoir.

Seite 41 – Exercice 9

(1) me demande
(2) s'est passé
(3) ne me suis plus rappelé
(4) ne t'es pas préparée
(5) nous sommes préparées
(6) me concentrer
(7) vous êtes couchées
(8) se couche
(9) se lève
(10) se concentrer
(11) t'inquiètes
(12) se sont trompés
(13) se dépêcher
(14) me suis préparée
(15) me suis achetés
(16) me suis souvenue
(17) t'es acheté
(18) m'intéresse
(19) nous ennuyons
(20) vous amuser

Imperfekt

Seite 45 – Exercice 1

1. travaillais
2. descendait
3. prenions
4. vendais
5. plaisiez
6. mettait
7. faisais
8. écrivaient
9. pouvais
10. allait
11. faisions
12. plaisaient
13. dormions
14. voulaient
15. riiez
16. croyais
17. était
18. voyiez
19. savaient
20. réfléchissais

Seite 45 – Exercice 2

1. mangions
2. allais
3. nageaient
4. preniez
5. dormait
6. m'ennuyais
7. finissaient
8. pouvait
9. faisiez
10. étions
11. saviez
12. espérais
13. venait
14. croyaient
15. achetais
16. commenciez
17. avais
18. voulait
19. écrivions
20. disiez
21. appelaient
22. attendais

Seite 45 – Exercice 3

(1) était
(2) avais
(3) était
(4) avions
(5) avait
(6) faisiez
(7) savions
(8) allait
(9) mangeait
(10) regardais
(11) étaient
(12) coûtaient
(13) gagnait
(14) passais
(15) vous ennuyiez
(16) aimions
(17) lisiez
(18) lisait
(19) écoutaient
(20) écoutais
(21) rêvais
(22) voulait
(23) alliez
(24) dansions
(25) avait
(26) s'amusait

Seite 46 – Exercice 4

1. Il était une fois un prince qui voulait bien se marier. Mais il devait trouver une vraie princesse. Il cherchait et cherchait sans arrêt. Il y avait beaucoup de princesses, mais elles ne lui plaisaient pas. Et il n'était jamais sûr si elles étaient de vraies princesses. Il se sentait triste et seul. Un soir, ...
2. Un âne, un chien, un chat et un coq étaient si vieux que personne ne voulait plus les avoir et les nourrir. Ils voulaient aller à Brême et devenir (des) musiciens parce qu'ils avaient tous encore une bonne voix. Dans la forêt qu'ils traversaient se trouvait une maison. Il y avait de la lumière. Des voleurs étaient assis à une table. Ils mangeaient et buvaient. Tout à coup ...
3. Il était une fois une petite fille. Tout le monde l'appelait le petit chaperon rouge parce qu'elle portait toujours un capuchon rouge. C'était un cadeau de sa grand-mère. Comme sa grand-mère vivait seule dans la forêt, le petit chaperon rouge lui rendait souvent visite et lui apportait quelque chose à manger. La jeune fille connaissait très bien le chemin et savait qu'il y avait un méchant loup dans la forêt. Un jour ...

Seite 47 – Exercice 5

(1) m'a invité/~~m'invitait~~
(2) ~~n'ont pas été~~/n'étaient pas
(3) ~~n'ai pas voulu~~/ne voulais pas
(4) j'ai dit/~~je disais~~
(5) ~~a fait~~/faisait
(6) suis allé/~~j'allais~~
(7) me suis arrêté/~~je m'arrêtais~~
(8) ~~a été~~/était
(9) j'ai décidé/~~je décidais~~
(10) j'ai acheté/~~j'achetais~~
(11) suis sorti/~~sortait~~
(12) ~~n'a plus été~~/n'était
(13) ~~n'ai plus eu~~/n'avais plus
(14) j'ai commencé/~~je commençais~~
(15) s'est mis/~~se mettait~~
(16) suis arrivé/~~j'arrivais~~
(17) ~~ont été~~/étaient
(18) J'ai sonné/~~je sonnais,~~
(19) ~~a eu~~/avait
(20) J'ai poussé/~~je poussais~~
(21) ~~a été~~/était
(22) n'ai rien vu/~~ne voyais rien~~
(23) n'ai rien entendu/~~n'entendais rien~~.
(24) me suis rendu/~~me rendais~~
(25) j'ai crié/~~je criais~~
(26) se sont allumées/~~s'allumaient~~
(27) j'ai entendu/~~j'entendais~~
(28) ~~ont été~~/étaient
(29) avons passé/~~passions~~
(30) J'ai reçu/~~recevais~~

Seite 48 – Exercice 6

1. Quand j'étais jeune, nous allions souvent à la mer.
2. Nous avons été trois fois en Corse, deux fois à Biarritz et quatre fois en Bretagne.
3. J'avais six ans quand j'ai vu la mer pour la première fois.
4. J'étais émerveillé, mais j'avais aussi peur des vagues.
5. Je passais mes journées à construire des châteaux de sable.
6. (Tous les jours), mon frère et mon père essayaient d'attraper des écrevisses (tous les jours).
7. Chaque fois qu'/Quand ils rapportaient des écrevisses à la maison, ma mère et moi, nous devions les laver.
8. Je ne voulais jamais les manger.
9. Une fois en Bretagne, il a plu pendant cinq jours. Comme nous ne pouvions pas aller à la plage, nous avons construit un énorme château avec des cure-dents. Nous avions toujours beaucoup de plaisir.
10. Quand j'ai eu 18 ans, j'ai été seul en vacances pour la première fois. Mes amis et moi, nous avons décidé d'aller à la mer!

Seite 49 – Exercice 7

(1) vivait
(2) s'est remarié
(3) avait
(4) forçait
(5) devait
(6) dormait
(7) se réchauffait
(8) l'appelaient
(9) a décidé
(10) voulait
(11) était
(12) pouvait
(13) a commencé
(14) a aperçu
(15) a transformé
(16) a pris
(17) a changé
(18) croyait
(19) a habillé
(20) resplendissait
(21) était
(22) est montée
(23) s'est rendue
(24) est arrivée
(25) a invitée
(26) ont dansé
(27) regardaient
(28) a entendu
(29) est partie
(30) a perdu

Seite 49 – Exercice 8

1. Quand mon père était jeune, il faisait du judo.
2. Pendant que les élèves écrivaient la dictée, la directrice est entrée dans la classe.
3. Pendant les vacances, je suis allé trois fois au cinéma.
4. Le train roulait depuis une heure quand l'accident s'est passé.
5. Les policiers ont arrêté le terroriste dès qu'il est descendu de l'avion.
6. Nous avons attendu (pendant deux heures) chez le médecin (pendant deux heures).
7. D'abord elle a mangé, puis elle a fini ses devoirs./ D'abord elle a fini ses devoirs, puis elle a mangé.
8. Ma petite sœur savait déjà lire quand elle a commencé l'école.
9. J'ai lu jusqu'à deux heures du matin.

Seite 50 – Exercice 9

1. Il y a des milliers d'années, on jouait déja au ballon avec les pieds. Dans la

Chine du deuxième siècle, on devait par exemple botter un ballon rempli de plumes et de cheveux dans un petit filet. Comme le filet avait une ouverture de 30-40 cm, c'était un grand exploit. Environ 500 ans plus tard, on jouait au Japon au kemari, une sorte de foot circulaire, qui existe encore aujourd'hui.

2. Le foot que nous connaissons aujourd'hui, ainsi que le rugby, se sont développés cependant entre le douzième et le dix-neuvième siècle dans les îles britanniques. À cette époque-là, il y avait moins de règles et le nombre des joueurs n'était pas limité.

3. L'histoire moderne du foot a commencé cependant en 1863 quand le football et le rugby se sont séparés. On a alors fondé en Angleterre la plus vieille fédération de football du monde, la Football Association. En 1871, c'est-à-dire huit ans après sa fondation, la fédération anglaise de football comprenait 50 clubs.

4. Le football s'est répandu dans le reste du monde grâce à l'influence britannique. Dans/Pendant les premières années, les progrès étaient/ont été lents, mais après un certain temps ils sont devenus de plus en plus rapides. Quand on a fondé la FIFA à Paris en 1904, six pays étaient présents: la France, la Belgique, le Danemark, les Pays-Bas, l'Espagne, la Suède et la Suisse. (Le même jour,) la fédération allemande de football a déclaré son adhésion par télégramme (le même jour,). La première coupe du monde a eu lieu en 1930. Aujourd'hui, 146 fédérations nationales de football sont membres de la FIFA.

Plusquamperfekt und passé simple

Seite 54 – Exercice 1

1. était partie
2. avait arrêté
3. l'avions visitée
4. avaient dévoré
5. étaient rentrées
6. avais vues
7. t'avais dit
8. n'avait pas fini
9. aviez appris
10. avait déjeuné
11. n'avaient pas fini
12. avait préparé
13. n'avais pas étudié
14. s'étaient levés
15. avait rénovée

Seite 54 – Exercice 2

1. Quand les journalistes sont arrivés, les pompiers avaient déjà éteint le feu.
2. M. Anselin était furieux parce que les enfants avaient cassé la fenêtre.
3. Comme je n'avais pas fini mes devoirs, je n'ai pas pu aller au cinéma.

4. Quand nous sommes arrivés, les autres avaient déjà commencé à manger./ Quand les autres sont arrivé, nous avions déjà commencé à manger.
5. Elle n'est pas venue au cinéma avec nous parce qu'elle avait déjà vu le film.
6. Ils étaient trempés parce qu'ils avaient oublié leurs parapluies.
7. Hier j'ai retrouvé les clés que j'avais perdues la semaine dernière.
8. Comme il avait frappé sa petite sœur, son père l'a grondé.
9. Le prof n'a pas remarqué que les élèves avaient triché au dernier examen.
10. Quand ma grand-mère est née, on n'avait pas encore inventé la télévision.

Seite 55 – Exercice 3

1. L'été dernier, nous sommes allés en vacances en Grèce. Nous avions vu un très bon reportage à la télé et nous avions tout de suite décidé d'y aller (en avion).
2. Comme nous n'avions jamais été en Grèce, nous sommes allés dans une agence de voyage.
3. Nous avions bien préparé notre voyage, mais nous avons eu malheureusement un peu de malchance.
4. Quand nous sommes arrivés à l'aéroport, notre avion avait déjà décollé. C'est pourquoi nous avons dû attendre un jour.
5. Quand nous sommes enfin arrivés à Athènes, nos valises n'étaient pas là. On avait oublié nos bagages en Allemagne.
6. À l'hôtel, ils avaient donné à d'autres la chambre que nous avions réservée. Heureusement, ils avaient encore une chambre pour nous.
7. Nous étions fatigués. Nous n'avions pas dormi depuis presque deux jours.
8. À la fin de l'après-midi, nos bagages sont arrivés. Nous avons enfin pu profiter de nos vacances, comme nous nous l'étions imaginé.

Seite 56 – Exercice 4

(1) vivait/~~vécut~~
(2) s'ennuyait/~~s'ennuya~~
(3) ~~offrait~~/offrit
(4) jouait/~~joua~~
(5) ~~tombait~~/tomba
(6) ~~s'approchait~~/s'approcha
(7) était/~~fut~~
(8) pouvait/~~put~~
(9) ~~s'avançait~~/s'avança
(10) ~~disait~~/dit
(11) ~~acceptait~~/accepta.
(12) ~~rendait~~/rendit
(13) ~~disait~~/dit voulait/~~voulut~~
(14) était/~~fut~~
(15) faisait/~~fit~~
(16) ~~se transformait~~/se transforma
(17) ~~tombait~~/tomba
(18) ~~se mariaient~~/marièrent
(19) ~~vivaient~~/vécurent
(20) ~~avaient~~/eurent

Seite 57 – Exercice 5

(1) s'éveilla
(2) vit
(3) était changé

(4) était
(5) levait
(6) voyait
(7) bougeaient
(8) regarda
(9) entendait
(10) rendit
(11) pensa
(12) était
(13) dormait
(14) pouvait
(15) essaya

Futur I und Futur II

Seite 60 – Exercice 1

1. parlerai
2. dira
3. nettoierons
4. croiras
5. mettrez
6. pèsera
7. réfléchiras
8. paieront/payeront
9. m'ennuierai
10. achètera
11. répondrons
12. se lèveront
13. croirons
14. mettront
15. sortirez
16. liras
17. espè/érera
18. rirez
19. prendront
20. finirai

Seite 60 – Exercice 2

1. Quand Marie sera grande, elle chantera l'opéra.
2. Quand nous serons grand(e)s, nous ferons le tour du monde.
3. Quand tu seras grande, tu seras une actrice célèbre.
4. Quand je serai grand(e), j'aurai une Ferrari.
5. Quand ils seront grands, ils partiront pour l'Australie.
6. Quand vous serez grand(e)s, vous devrez travailler.
7. Quand nous serons grand(e)s, les Martiens viendront nous rendre visite.
8. Quand elle sera grande, elle courra des marathons.
9. Quand tu seras grand(e), tu feras de la musique.
10. Quand Valérie sera grande, elle sera Présidente de la République.
11. Quand nous serons grand(e)s, il ne neigera plus l'hiver.
12. Quand je serai grand(e), je saurai piloter un avion.
13. Quand elles seront grandes, elles verront la planète Mars.
14. Quand tu seras grand(e), tu ne voudras pas rester ici.
15. Quand il sera grand, il deviendra médecin et il pourra guérir le SIDA.
16. Quand nous serons grand(e)s, on enverra des hommes sur Jupiter.
17. Quand ma sœur sera grande, elle recevra le prix Nobel de la paix.
18. Quand mes enfants seront grand(e)s, il n'y aura plus de frontières.

19. Quand je serai grand(e), j'irai à
    l'université et je ferai des études de
    droit .
20. Quand vous serez grand(e)s, vous
    devrez parler l'anglais et une autre
    langue étrangère.

Seite 61 – Exercice 3

(1) sera
(2) vivront
(3) pourrons
(4) Aura
(5) lirons
(6) seront
(7) aura
(8) fera
(9) pleuvra
(10) neigera
(11) devrons
(12) deviendra
(13) connaîtra
(14) mourront
(15) auront
(16) permettront
(17) serons
(18) courra
(19) voudront
(20) sauront
(21) travaillerons
(22) aurons
(23) prendrons

Seite 62 – Exercice 4

1. Dites-moi, madame Rose, est-ce que je
   ferai carrière?
2. Vous deviendrez une journaliste
   célèbre. On vous enverra dans le
   monde entier. Vous verrez beaucoup
   de choses. Vos reportages recevront
   beaucoup de prix.
3. Dites-moi, madame Rose, est-ce que
   je ferai bientôt la connaissance de
   l'homme de mes rêves?
4. Oui, vous le rencontrerez bientôt.
5. Est-ce qu'il/Il sera riche? Est-ce qu'il/Il
   sera grand? Est-ce qu'il/Il aura les
   cheveux blonds et les yeux bleus?
6. Il mesurera 1,50 mètre. Ses cheveux
   seront gris et ses yeux seront bruns. Il
   sera ... plombier!

Seite 63 – Exercice 5

1. Vous prendrez un dessert quand vous
   aurez fini votre assiette.
2. On achètera de la glace au chocolat
   quand on aura mangé la glace à la
   vanille.
3. Vous sortirez quand vous aurez fait la
   vaisselle.
4. Tes amis viendront écouter de la
   musique quand tu auras rangé ta
   chambre.
5. Tu feras de la moto quand tu auras eu
   ton permis.
6. Vous regarderez la télé quand vous
   aurez appris vos leçons.
7. Tu te lèveras de table quand les autres
   auront terminé leur dessert.
8. Vous quitterez la classe quand la
   cloche aura sonné.
9. Je répèterai/répéterais la question
   quand vous aurez fini de parler.
10. Je donnerai la réponse à la question 3
    quand tous les élèves auront remis leur
    copie.

11. Tu sauras si tu as réussi quand j'aurai
    corrigé toutes les copies.
12. Vous pourrez faire une pause quand
    vous aurez répondu à toutes les
    questions.

Seite 64 – Exercice 6

1. « Qu'est-ce que vous ferez/Que ferez-
   vous dans vingt ans?»
2. « Dans vingt ans, j'aurai terminé
   mes études depuis longtemps, je
   travaillerai comme avocate et j'aurai
   sûrement beaucoup de succès. Je
   gagnerai beaucoup d'argent. Mon mari,
   nos enfants et moi habiterons dans une
   villa que nous aurons achetée surla
   Côte d'Azur. Et toi, Vincent?»
3. «Dans vingt ans, je serai écrivain. Les
   livres que j'aurai écris seront des best-
   sellers et on les aura traduits dans
   plusieurs langues. Qui sait, peut-être
   que j'aurai même déjà reçu le prix
   Nobel de littérature! Les gens feront la
   queue pendant des heures pour avoir
   mon autographe. »
4. «Alors moi, je serai le plus jeune
   président de l'histoire de la République
   française. Je m'engagerai dans la lutte
   pour l'environnement, la justice et
   pour la paix. En tous les cas, je tiendrai
   les promesses que j'aurai faites. Les
   électeurs ne seront jamais déçus de
   moi. »

Die unregelmäßigen
Verben II

Seite 67 – Exercice 1

1. conduisons
2. offres
3. craignent
4. buvez
5. se tait
6. m'assois/assieds
7. traduisent
8. pleut
9. peins
10. souffrons
11. vous enfuyez
12. ouvre
13. éteint
14. se plaignent
15. suis
16. cuisez
17. construis
18. bat
19. rejoignons
20. peignez

Seite 67 – Exercice 2

1. Les élèves se battent dans la cour de
   récréation.
2. Qu'est-ce que vous buvez?
3. Mes parents conduisent toujours très
   lentement.
4. Il pleut depuis une semaine.
5. Les portes du magasin ouvrent à huit
   heures.
6. Ma petite sœur et moi craignons le
   tonnerre.
7. A la fin du film, le héros meurt.
8. Son grand-père lui offre toujours des
   chocolats.

9. Pourquoi est-ce que vous vous
   assoyez/asseyez si loin derrière?
10. Il faut se coucher tôt ce soir.
11. Elle souffre beaucoup de la chaleur.

Seite 68 – Exercice 3

(1) commence
(2) arrive
(3) prend
(4) appelle
(5) fonde
(6) viennent
(7) espèrent
(8) se battent
(9) tombe
(10) devient
(11) se sentent
(12) craignent
(13) tolèrent
(14) deviennent
(15) restent
(16) ont
(17) occupent (18)
    se modernise
(19) s'ouvre
(20) inaugure
(21) reprennent
(22) fleurit
(23) connaissent
(24) voit
(25) gagne
(26) offre
(27) disent
(28) joue
(29) ont
(30) veulent
(31) produisent
(32) vendent
(33) essaie

Seite 69 – Exercice 4

1. Comme chaque mardi soir, Sophie et
   Olivia vont au cinéma. Elles attendent
   devant la caisse parce qu'elles ne
   savent pas quel film elles veulent voir.
2. Regardons le film d'amour! Les
   critiques disent beaucoup de bien du
   film.
3. Je ne suis pas d'accord! Premièrement,
   il faut faire longtemps la queue.
   Deuxièmement, l'actrice ne met plaît
   pas. Troisièmement, le héros meurt à la
   fin. Je veux voir le nouveau James Bond.
4. Ah non, c'est toujours la même chose!
   Il se bat contre les méchants, mais
   peut toujours s'enfuir à la dernière
   seconde. Il conduit des voitures de
   luxe, boit des Martinis et toutes les
   femmes courent après lui. Je veux
   voir un film, dans lequel / où on rit
   beaucoup.
5. D'accord! Qu'est-ce que tu dis des Sept
   nains avec Otto?
6. Une idée super. Achetons vite les
   billets, le film commence dans 2
   minutes.
7. Les deux amies courent jusqu'à la
   salle. L'ouvreuse prend leurs billets et
   dit: Suivez-moi!
8. Sophie et Olivia se dépêchent et
   s'assoient rapidement. Le film
   commence aussitôt/tout de suite.
9. Olivia, mais c'est le James Bond! Nous
   sommes dans le mauvais film.
10. Tais-toi et mange ton pop-corn!
11. Sophie commence à rire et ne peut plus
    (s')arrêter.

Seite 70 – Exercice 5

1. nous buvions
2. tu t'assoiras/assiéras
3. elles se sont tues
4. il faudra
5. vous vous plaigniez
6. ils offrent
7. elle est morte
8. j'avais bu
9. on avait ouvert
10. elles se sont battues
11. tu craignais
12. j'ai conduit
13. ils se sont enfuis
14. elle peignait
15. nous avons souffert
16. tu découvres
17. il mourra
18. il a plu
19. nous suivrons
20. elles ont bu
21. elle s'était enfuie
22. vous boirez
23. il suit
24. nous rejoignions

Seite 70 – Exercice 6

1. m'assoirai/m'assiérai
2. ont offert
3. nous battons
4. est morte
5. pleuvra
6. se plaignent
7. rejoindrai
8. as éteint
9. traduisons
10. écrivent
    lisent
11. s'étaient enfuis
    est arrivée
12. buvait
    a sonné
13. se plaint
    se taisent
14. a plu
    a fallu
15. donnes
    mourra
16. croyaient
    était
17. verras
    plaira
18. aura construit
    aura
19. voulion
    n'avons pas pu
    s'est mis à
20. avait suivie
    pouvait
21. reconstruira
    a détruite

Seite 71 – Exercice 7

1. Antoine de Saint-Exupéry est né le 29 juin 1900 à Lyon. Il descendait d'une des plus vieilles familles nobles de France.
2. Il a passé son enfance chez sa tante à Saint-Maurice de Rémens parce que son père était mort.
3. Il a ensuite fréquenté le collège au Mans, où sa famille s'était établie.
4. En 1917, après un séjour au collège Saint-Jean de Fribourg, en Suisse, il est rentré en France.
5. Comme il savait bien dessiner, il a suivi des cours à l'École des Beaux-Arts de Paris. Il a fait son service militaire entre 1921 et 1923 à Strasbourg dans l'armée de l'air. Cela jouera un rôle important pour sa carrière.
6. En 1926, il a commencé à voler pour la société Latécoère qui transportait le courrier entre Toulouse et Dakar, en Afrique. En 1931, il s'est marié en Argentine.
7. Il était allé en Amérique du Sud parce que sa société voulait y créer de nouvelles lignes aériennes.
8. La même année, il a écrit le livre Vol de nuit qui a eu beaucoup de succès.
9. Pendant la deuxième guerre mondiale, il était pilote de guerre dans l'armée de la Libération. À la même époque, il a publié son livre Le petit Prince qu'il avait lui-même illustré.
10. Comme il était trop âgé, on ne lui permettait plus de se battre. Dans sa dernière lettre, il avait écrit qu'il n'avait pas peur de la mort et qu'il craignait plus un monde dominé par les Nazis.
11. Il est mort le 31 juillet 1944, quelque part au-dessus de la Méditerranée.

Konditional I und II

Seite 75 – Exercice 1

1. pourrais
2. seraient
   demanderaient
   auriez
3. dirais
4. achèterais
   aurait
5. n'oublierais pas
   feraient
6. irait
   trouverait
7. voudrions
   partirions
   louerions
8. aurait
   demanderaient
   pourriez
   ferais
   serais
9. pourrait

Seite 75 – Exercice 2

1. aurais pu
2. auraient été
   auraient demandé
3. aurais dit
4. aurais acheté
   aurait eu
5. n'aurais pas oublié
   auraient fait
6. serait allée
   aurait trouvé
7. aurions voulu
   serions partis
   aurions loué
8. aurait eu
   auraient demandé
   aurais fait
   aurais été
9. aurait pu

Seite 76 – Exercice 3

(1) voudrais
(2) serait
(3) verrais
(4) ferais
(5) seriez
(6) aurait
(7) frapperait
(8) brûlerait
(9) n'aurait pas dû
(10) ne devrait pas
(11) aurait fallu

Seite 76 – Exercice 4

1. Je voudrais/j'aimerais passer le permis de conduire, mais je n'ai pas encore 18 ans.
2. Hier, nous aurions pu aller au cinéma ensemble, j'avais le temps alors.
3. Est-ce que vous viendriez/Viendriez-vous chez nous, disons mercredi à 8 heures moins le quart du soir?
4. Excusez-moi/Pardon, Monsieur. Est-ce que vous pourriez/ Pourriez-vous me dire où est la gare? - Oui, bien sûr. Vous auriez pu prendre la petite rue au carrefour derrière vous et simplement aller tout droit. Mais maintenant tournez à gauche au prochain feu (tricolore), puis à la première rue encore une fois à gauche et vous verrez la gare.
5. Un jour, nous serions très riches et alors nous ferions du bien à beaucoup de gens ! Je me suis réveillé(e), c'était seulement/ce n'était qu'un rêve. Ça aurait été tellement beau!
6. Ma sœur aime beaucoup faire du ski. Elle partirait loin pour avoir des descentes avec de la belle poudreuse.
7. Est-ce que vous auriez/Auriez-vous la gentillesse de m'expliquer encore une fois le problème. J'aurais dû faire attention!
8. Le week-end dernier, ils auraient fait du ski, mais il pleuvait tout le temps.

Subjonctif

Seite 80 – Exercice 1

1. • finissiez
   • fassiez
   • répondiez
2. • finissions
   • fassions
   • répondions
3. • choisisses
   • rendes
   • sois
4. • choisisse
   • rende
   • sois
5. • n'aient pas
   • ne viennent pas
   • aillent
     boivent

Seite 80 – Exercice 2

1. • sachent
   • réagissent
   • ne veuillent jamais

2. • saches
    • réagisses
    • veuilles
3. • écriviez
    • n'ayez pas
    • ne soyez pas
4. • écrive
    • aie
    • sois
5. • apprenne
    • vienne

Seite 81 – Exercice 3

(1) fasse
(2) ne perdes presque jamais
(3) connaisse
(4) a joué
(5) a perdu
(6) as
(7) mettes
(8) mettions
(9) regarde
(10) ne dise rien
(11) ne puissions pas
(12) se jette
(13) batte
(14) choisisse

Seite 81 – Exercice 4

1. Je ne crois pas qu'il dise la vérité./Il ne croit pas que je dise la vérité
2. Nous croyons qu'il fera beau temps demain
3. Le dernier match de foot a été le plus intéressant que j'aie vu.
4. Il est utile que vous appreniez des langues étrangères.
5. Mes parents espèrent que nous passerons les prochaines vacances en France.
6. Mon ami veut absolument que j'aille le voir cet après-midi.
7. Je pense que tu as raison cette fois.
8. Nos parents ne permettent pas que nous regardions la télévision chaque jour.
9. Nous sommes très content(e)s que le train soit arrivé à l'heure.
10. Je doute qu'il croie cette histoire.

Seite 82 – Exercice 5

(1) prenne
(2) trompe
(3) doit
(4) ne lui prenne pas
(5) m'entretienne
(6) craignent
(7) dise
(8) continuiez
(9) alliez
(10) puissiez

Seite 82 – Exercice 6

1. Il faut/il est nécessaire que nous fassions réserver à l'auberge de jeunesse déjà maintenant.
2. Nous ne croyons pas qu'il parte avec nous par le train/en train.
3. C'est le plus beau film que j'aie vu jusqu'ici.
4. Je me demande s'il viendra à notre rendez-vous.

5. Il est bon/bien que nous ayons des amis en France.
6. Mon copain a toujours de bonnes notes sans devoir travailler beaucoup.
7. Notre professeur de français explique tout jusqu'à ce que tout le monde ait compris.
8. Il dit qu'il est trop tard pour regarder encore ce film.
9. Est-ce que nous pourrions/Pourrions-nous avoir une chambre qui ait un balcon avec vue sur la mer?
10. Je trouve que vous avez raison tous les deux.

Seite 83 – Exercice 7

(1) fasse
(2) connais
(3) écrive
(4) dise
(5) fassiez
(6) doit
(7) est
(8) soyons
(9) ne receviez pas
(10) mettes
(11) n'aient pas répondu
(12) choisissez
(13) ne soient pas
(14) trouveriez
(15) veniez
(16) est
(17) tienne
(18) puisse
(19) finisse
(20) aille
(21) sache

Bedingungssatz und Zeitenfolge

Seite 86 – Exercice 1

1. S'il fait beau demain, nous ferons une excursion.
2. S'il fait beau, nous faisons une excursion.
3. S'il faisait beau, nous ferions une excursion.
4. S'il avait fait beau, nous aurions fait une excursion.
5. Si j'avais de bonnes idées, j'écrirais un roman célèbre.
6. Si je cours un peu, je serai à l'heure cette fois.
7. Si vous m'aviez téléphoné, je vous aurais dit que je n'avais pas le temps.
8. Si nous faisons rapidement notre travail, nous pourrons t'accompagner au cinéma.
9. Si vous disiez la vérité, tout le monde/tous serait/seraient/très content/s.
10. S'il s'était mieux préparé à l'interrogation écrite, sa note aurait été meilleure.
11. S'il pleut demain matin, nous resterons à la maison.

Seite 86 – Exercice 2

1. Si tu avais le temps, tu irais au cinéma.
2. S'il fait beau demain, vous partirez en vélo/à bicyclette.

3. S'il y avait eu de la neige, nous aurions fait du ski le week-end dernier.
4. S'il n'avait pas bu une bière de trop, il aurait pu rentrer en voiture.
5. Si je fais mes devoirs d'abord, je jouerai au foot avec mes amis cet après-midi.
6. Si j'avais fait mes devoirs, j'aurais pu jouer au foot avec mes amis.

Seite 87 – Exercice 3

1. Mon copain dit toujours que le football est le sport le plus intéressant.
2. Et il ajoute que la prochaine fois, je l'accompagnerai.
3. Hier, il m'a dit au téléphone qu'il y avait un match de foot dans une heure.
4. Il m'a demandé si je voulais l'accompagner.
5. Il m'a expliqué que je serais vraiment content parce qu'une très bonne équipe française jouerait.
6. Je lui ai répondu que j'étais d'accord.
7. Et je lui ai demandé combien je devais payer pour l'entrée.
8. Il m'a dit que je ne devais rien payer.
9. Et il a ajouté que son père lui avait donné deux billets.
10. Et moi, j'ai encore dit qu'il était un vrai copain.

Seite 88 – Exercice 4

1. Des vacances dans les montagnes/à la montagne? Mes parents pensaient que là, c'était très beau/merveilleux.
2. Ma sœur a voulu savoir si nous escaladerions aussi de hautes montagnes.
3. Je lui ai répondu qu'elle pourrait rester en bas si elle avait peur.
4. Elle a dit simplement que j'étais un idiot.
5. Alors mes parents ont expliqué que nous irions dans les montagnes/ à la montagne parce que l'air était bon, parce qu'on pouvait faire de belles promenades et parce qu'on rencontrait des gens gentils.
6. Ma sœur et moi, nous trouvions que tout cela n'était pas très intéressant et nous avons dit que nous voulions rester à la maison.
7. Alors mon père s'est mis en colère et il nous a demandé si nous étions devenus fous. Et il a ajouté que nous étions des égoïstes.
8. Enfin nous sommes allés quand même dans les montagnes/à la montagne. On sait bien que les plus malins finissent toujours par céder.

Passiv

Seite 91 – Exercice 1

1. Les phrases sont traduites par les élèves.
2. Le suspect est interrogé par les policiers.
3. Les non-fumeurs sont dérangés par la fumée de cigarette.
4. Nous sommes toujours amusé(e)s par ce comédien.

5. Ce journal est lu par plus d'un million de personnes tous les jours.
6. Mme Samson, vous êtes appelée par le directeur.
7. Je suis attristé(e) par la mort de ma grand-mère.
8. Tu es attendu(e) par ton père à la sortie de l'école.
9. Dans le petit chaperon rouge, la grand-mère est mangée par le méchant loup.
10. Les meilleurs fromages sont faits par ce fermier.
11. Les émissions de télé-réalité sont regardées par des millions de gens.
12. Les portables ne sont pas tolérés à l'école.
13. Les objets tranchants ne sont pas acceptés à bord des avions par les lignes aériennes.

Seite 92 – Exercice 2

1. L'Amérique a été découverte en 1492 par Christophe Colomb.
2. L'année prochaine, un nouveau terrain de foot sera construit par la commune.
3. Dans les années soixante, les chansons de Johnny Hallyday étaient chantées par tout le monde.
4. Il faut que les conjugaisons soient apprises par tous les élèves.
5. En raison du mauvais temps, l'aéroport a été fermé.
6. Faute d'argent, la bibliothèque n'a pas été rénovée par la ville.
7. Dans un mois, son troisième roman aura été publié.
8. Sans l'intervention de la police, la vieille dame aurait été attaquée par une bande de voyous.
9. Des terroristes ont été arrêtés par la police de Scotland Yard, hier matin à Londres. Ils étaient recherchés depuis plus d'un an.
10. La flûte enchantée de Mozart est présentée à l'opéra, ce soir.

Seite 92 – Exercice 3

1. Mon père veut que nos devoirs soient faits avant le dîner.
2. Il a dit que la fenêtre n'avait pas été cassée par les enfants.
3. Le meilleur élève de l'école sera récompensé par le directeur.
4. La pyramide du Louvre a été construite par un architecte chinois.
5. Chaque année, des enfants étrangers sont adoptés par des couples français.
6. Si le Québec avait été découvert par les Espagnols, le français n'y serait pas parlé aujourd'hui.
7. Quand elle est arrivée sur les lieux de l'accident, son fils et son mari avaient déjà été transportés à l'hôpital.
8. La dernière fois que j'étais à Paris, Notre-Dame ne pouvait pas être visitée à cause des rénovations.
9. Dans deux ans, cette vieille église aura été reconstruite par la ville.
10. Le passeport doit toujours être montré à l'embarquement.

Seite 93 – Exercice 4

I Paris
1. Paris a été fondé au troisième siècle avant Jésus-Christ.

2. La cathédrale Notre-Dame a été construite entre 1163 et 1330.
3. La tour Eiffel, qui a d'abord été appelée la giraffe par les Parisiens, a été construite pour l'exposition universelle en 1889.
4. Aujourd'hui, Paris est aussi appelé la ville de la mode car/parce que les dernières créations de la haute couture y sont présentées / sont présentées ici.
5. Les touristes aiment surtout l'atmosphère dans les bistrots parisiens. On y boit et on y mange, mais on y lit aussi le journal ou on y bavarde tout simplement./Là, on boit et on mange ...

II Rio de Janeiro
1. La forteresse Coligny a été construite par les Français en 1555 dans la baie de Rio de Janeiro, qui avait d'abord été peuplée par les indiens Tamoio.
2. En 1565, après que les Français ont été chassés par les Portugais, la ville a été renommée São Sebastião do Rio de Janeiro.
3. La statue de Jésus Christo Redentor a été érigée en 1931 sur la plus haute montagne de Rio.
4. Au Brésil, la plage joue un rôle important. Naturellement, on se baigne sur les plages de Copacabana et d'Ipanema, mais on aime aussi y faire la fête.
5. On fait aussi la fête pendant le célèbre carnaval de Rio. Dans les rues, on danse la samba toute la nuit.
6. Le sport préféré des Brésiliens est le foot. Beaucoup de matchs sont disputés au stade Maracanã, où les stars nationales du foot peuvent être acclamées par plus de 100 000 spectateurs.

Seite 95 – Exercice 5

1. Chaque année, au printemps, les élèves nettoient la cour de recréation. On y ramasse / Les élèves y ramassent les bouteilles vides et les déchets.
2. Quand ils sont arrivés à la fête, les autres invités avaient déjà mangé le buffet.
3. La semaine dernière, le parlement a adopté une nouvelle loi antitabac. La loi interdira la cigarette dans les endroits publics. Ainsi, on assurera un environnement sain à tout le monde.
4. Mes parents veulent toujours que je fasse mes devoirs avant le dîner.
5. Le prof ne corrigera pas les traductions si les élèves ne les rendent pas avant vendredi. Le professeur va remettre les notes lundi matin.
6. Les inondations ayant détruit les bâtiments historiques, les touristes ne peuvent plus visiter la vieille ville.
7. Si la police avait arrêté les terroristes plus tôt, on /elle aurait pu éviter les attentats et on /elle aurait pu sauver des vies.

Seite 96 – Exercice 6

1. C'est Steven Spielberg qui a réalisé le film E.T.
2. La pièce de thèâtre est présentée par les élèves de Madame Samson.

3. C'est la tempête qui a causé la panne d'électricité.
4. Ce sont les Français qui ont d'abord colonisé le Canada.
5. Les kidnappeurs ont été arrêtés par la police de Scotland Yard.
6. C'est le Prince Charles qui inaugurera le nouvel hôpital.
7. La fenêtre a été cassée par des enfants qui jouaient au foot.
8. Les Oscars sont remis chaque année par l'Académie du film américain.
9. C'est son ex-mari qui devra rembourser ses dettes.
10. Ce sont les vandales eux-mêmes qui auraient dû nettoyer les dégats.
11. Cyranno de Bergerac n'a pas été joué au cinéma par Jean Reno mais par Gérard Depardieu.
12. C'est mon arrière-grand-père qui avait construit cette maison.

Die Formen auf -ant

Seite 100 – Exercice 1

1. allant
2. faisant
3. pouvant
4. buvant
5. voulant
6. mangeant
7. finissant
8. sachant
9. dormant
10. lisant
11. conduisant
12. commençant
13. écrivant
14. se taisant
15. attendant
16. prenant
17. voyant
18. réfléchissant
19. partant
20. connaissant
21. payant
22. disant
23. recevant
24. devant
25. s'assoyant/s'asseyant

Seite 100 – Exercice 2

1. en dormant
2. en mordant
3. En entrant
4. te dépêchant
5. en suivant
6. en te plaignant
7. En faisant
8. en ne mangeant plus
9. en lui offrant
10. En la voyant
11. en me promenant
12. En réfléchissant
13. en ne leur donnant pas

Seite 101 – Exercice 3

1. ☒ Gleichzeitigkeit
   ☒ Art und Weise
2. ☒ Zugeständnis
3. ☒ Art und Weise
4. ☒ Gleichzeitigkeit

5.   ☒ Zugeständnis
6.   ☒ Bedingung
7.   ☒ Art und Weise
8.   ☒ Art und Weise
    ☒ Bedingung
9.   ☒ Gleichzeitigkeit
10.   ☒ Art und Weise
    ☒ Bedingung
11.   ☒ Gleichzeitigkeit
12.   ☒ Art und Weise
13.   ☒ Art und Weise
    ☒ Bedingung
14.   ☒ Gleichzeitigkeit
15.   ☒ Zugeständnis

Seite 102 – Exercice 4

1. Mon grand-père se garde en forme en courant cinq kilomètres chaque jour.
2. J'ai lu le journal en attendant le train.
3. Les enfants apprennent beaucoup des adultes en les imitant.
4. Il lui a offert des roses rouges tout en sachant qu'elle n'aime pas les fleurs.
5. Les archéologues ont découvert des ruines romaines en effectuant des fouilles dans la vieille ville.
6. Ma cousine fait des études de physique (tout) en s'entraînant pour le championnat d'Europe de natation.
7. On peut obtenir la couleur verte en mélangeant la couleur bleue avec la couleur jaune.
8. Ma grand-mère me disait toujours: «En regardant trop la télé, tu auras de mauvais yeux.»
9. Mon père s'endort toujours en écoutant de la musique classique.
10. Il a perdu vingt kilos en ne mangeant plus de sucreries.
11. Ce prof ne regarde jamais ses élèves dans les yeux en leur parlant.
12. Il voulait acheter cette voiture tout en ne l'ayant jamais vue.

Seite 103 – Exercice 5

1. Les personnes faisant du sport régulièrement vivent plus longtemps.
2. Les élèves désirant participer à l'échange scolaire doivent s'inscrire avant vendredi.
3. Un homme portant un paquet suspect est entré dans la banque vers 14 heures.
4. Londres est une ville comptant plusieurs musées.
5. Les gens fumant dans les endroits publics nuisent à la santé des non-fumeurs.
6. Les automobilistes ne respectant pas la limite de vitesse seront sévèrement punis.
7. L'homme lui envoyant toujours des roses est un ancien camarade de classe.
8. Le koala est un animal originaire d'Australie se nourrissant de feuilles d'eucalyptus et pouvant dormir pendant près de 40 heures.
9. Les automobilistes n'étant pas équipés de pneus d'hiver ne pouvaient pas avancer dans la neige.
10. Au cirque, nous avons vu une femme marchant sur un fil de fer, un homme faisant des acrobaties sur un trapèze et des lions sautant à travers un anneau de feu.

Seite 104 – Exercice 6

1. Une infirmière est une personne s'occupant des malades.
2. Un mécanicien est une personne réparant des voitures.
3. Une journaliste est une personne faisant des reportages.
4. Un comédien est une personne jouant un rôle au théâtre ou à la télévision.
5. Un détective est une personne enquêtant sur une affaire.
6. Un boulanger est une personne travaillant la farine et cuisant le pain.
7. Un comptable est une personne tenant les livres d'une entreprise.
8. Un pompier est une personne éteignant des feux.
9. Un charpentier est une personne construisant des maisons.
10. Un dentiste est une personne soignant les dents.
11. Une libraire est une personne vendant des livres.
12. Un jardinier est une personne cultivant des plantes.
13. Un photographe est une personne prenant des photos.
14. Un luthier est une personne fabriquant des instruments de musique à cordes.

Seite 105 – Exercice 7

1. Étant malade, mon fils n'ira pas à l'école aujourd'hui.
2. Il joue au loto toutes les semaines tout en sachant qu'il n'a pas de chance.
3. Les gens ne faisant jamais de sport sont plus souvent malades que les gens s'entraînant régulièrement.
4. Le nouveau gouvernement aide les jeunes familles en leur offrant des jardins d'enfants/écoles maternelles gratuits/es.
5. Les fumeurs se battent contre la loi interdisant la cigarette dans les édifices publics.
6. Étant au chômage depuis deux ans, il a dû vendre sa maison.

Seite 105 – Exercice 8

1. Le témoin a vu un grand homme blond sortant du musée.
2. En sortant du musée le témoin a vu un grand homme blond.
3. M. Dupont regarde toujours les informations en mangeant.
4. Ne mangeant plus de frites, il a perdu cinq kilos.
5. Le prof a surpris des élèves fumant une cigarette pendant la récréation.
6. En quittant l'école, le prof a surpris des élèves avec des cigarettes.

Seite 106 – Exercice 9

1. Ne l'ayant pas vu depuis plusieurs jours, les voisins d'un homme (âgé) de quatre-vingts ans ont appelé la police.
2. Ils avaient sonné plusieurs fois chez lui, mais le vieil homme, vivant seul depuis la mort de sa femme, n'ouvrait jamais.
3. Ils avaient de bonnes relations avec l'homme et s'occupaient de lui en repassant et en cuisinant pour lui.

4. La police ne sachant pas si le vieil homme était très malade ou peut-être même mort, elle a fait ouvrir l'appartement par le concierge.
5. L'homme n'était pas dans son appartement. La police était soulagée tout en n'ayant aucune idée où elle devait maintenant chercher.
6. On a fait passer un avis de recherche décrivant le vieil homme.
7. Une employée de la Lufthansa a alors téléphoné à la police. Quatre jours avant, elle avait vu un vieil homme ayant réservé un vol pour le Maroc.
8. Le lendemain, les amis inquiets du vieil homme ont reçu une carte postale de Casablanca: «En la voyant, je suis tout de suite tombé amoureux d'elle. Nous sommes maintenant en voyage de noces. À bientôt, M. »

Seite 107 – Exercice 10

1. séduisant/~~séduisante~~
2. ~~divertissant~~/divertissantes
3. dansant/~~dansante~~
4. ~~filant~~/filante
5. souriant/~~souriante~~
6. provoquant/~~provocants~~
7. filant/~~filante~~
8. ~~provoquant~~/provocants
9. ~~fatiguant~~/fatigante
10. divertissant/~~divertissante~~
    aimant/~~aimants~~

Seite 107 – Exercice 11

1. Le (téléphone) portable est une invention nous ayant beaucoup simplifié la vie.
2. Les gens possédant un portable sont tout simplement plus flexibles.
3. Ils peuvent par exemple appeler quelqu'un en attendant le train.
4. En ayant un portable, on peut avertir quelqu'un qu'on sera en retard.
5. En plus, on peut demander de l'aide partout et tout le temps en utilisant son portable.
6. Le portable étant si pratique, il y a de plus en plus de gens ne pouvant plus vivre sans lui.
7. Malheureusement, le portable est une invention comportant aussi des aspects négatifs.
8. Il y a par exemple des sonneries qui sont terriblement énervantes.
9. Les gens utilisant un portable parlent souvent très fort et oublient tout simplement que nous entendons leurs conversations. Cela est très dérangeant.
10. Souvent, les jeunes veulent seulement impressionner leurs amis en achetant des portables très chers.
11. Pire encore: En communiquant toujours avec une portable, on ne sait plus comment se comporter normalement avec les gens.

Apprende une langue, c'est partir à l'aventure – Eine Sprache zu lernen, ist ein Abenteuer

Eine Sprache zu lernen, kann Spaß machen, denn durch Sprachen können wir uns mit interessanten Menschen austauschen. Wir können mit ihnen lachen, wir können ihre Lieder verstehen und singen, ihre Kultur und damit ihre Lebensweise kennenlernen. Eine Sprache zu lernen, kann eine spannende Entdeckungsreise werden.

C'est en forgeant qu'on devient forgeron – Übung macht den Meister

Spaß macht es aber erst, wenn man die Sprache einigermaßen beherrscht. Dies erreicht man allerdings nur durch gezieltes Üben, so spielerisch, kommunikativ oder handlungsorientiert eine Lernmethode auch sein mag. Es sei denn, man lernt eine Sprache im jeweiligen Land selbst oder man hat das Glück, in einer zweisprachigen Familie aufzuwachsen. Tatsache ist: Bestimmte Muster und Ausdrucksweisen kann man sich nur aneignen, wenn man sie beobachtet, versteht und anwendet. Immer wieder und regelmäßig. Es geht nicht von allein. Eine Sprache will gelernt und geübt sein.

Apprendre oui, mais comment? – Lernen ja, aber wie?

Dieses Buch bietet sowohl eine Erklärung und Zusammenfassung der wichtigsten Regeln als auch Übungen zur Überprüfung und Vertiefung des Gelernten. Es richtet sich zwar in erster Linie an Schüler aller Jahrgangsstufen und Schularten, ist aber für Lernende der Erwachsenenbildung durchaus auch geeignet. Das Buch kann unterrichtsbegleitend benutzt werden, d. h. als Ergänzung und/oder als Vertiefung des in der Schule Gelernten. Es kann aber auch unabhängig zur Wiederholung verwendet werden, etwa vor einem Test, einer Schulaufgabe oder einer umfangreicheren Prüfung. Das Buch entspricht der üblichen Progression der verschiedenen Lehrpläne, d. h. regelmäßige Verben kommen vor unregelmäßigen Verben, Präsens (Gegenwart) vor Vergangenheit usw. Eine Ausnahme: Die zusammengesetzten Verbformen (*passé composé* sowie *passé récent* und *futur proche*) wurden aufgrund ihrer Bildung in einem Kapitel zusammengefasst.

Jedes Kapitel ist gleich aufgebaut: Zuerst kommen zwei bis drei Seiten grammatische Einführung, dann die Übungen. Diese bieten am Anfang einfachere Aufgaben und dann immer anspruchsvollere. Die Aufgaben sind so konzipiert, dass man sie auf der Grundlage der vorausgehenden Einführung allein lösen kann. Schwierige Wörter werden am Rand erläutert. Es wurde eine moderne Umgangssprache bevorzugt. Um die Übersetzungsübungen zu erleichtern, wurden gelegentlich deutsche Formulierungen gewählt, die womöglich etwas ungewöhnlich sind – aber Hilfe bieten, die Übersetzung gleich richtig anzupacken. Sinnvoll und wünschenswert wäre, die Progression der Themen und die Steigerung des Schwierigkeitsgrades bei der Selbstarbeit beizubehalten. Es ist aber durchaus möglich für einen Lernenden, sich gezielt ein Kapitel herauszusuchen, das seinem Wissensstand entspricht oder wo er bei sich Lücken festgestellt hat.

Auf alle Fälle sollte man bei jedem Kapitel folgendermaßen vorgehen:

1. Die Grammatik-Einführung gründlich lesen.
2. Mit den Übungen anfangen, und zwar mit den einfacheren.
    Die Lösungen mit einem weichen Bleistift eintragen oder auf ein gesondertes Blatt Papier schreiben.
3. Die eigenen Lösungen mit den Lösungen des Buches vergleichen.
    Dabei erst nachschauen, wenn man sich für eine eigene Lösung entschieden hat!
4. Weniger als 10 % Fehler? → Man kann mit der nächsten Übung beginnen.
5. Mehr als 10 % Fehler? → Zurück zu Schritt 1!
6. Am nächsten Tag wird dieselbe Übung wiederholt.
    Aber vorher die eventuell eingetragenen Lösungen ausradieren!
7. Schritte 3 bis 6 wiederholen!

Und genauso wie beim Vokabellernen sollte man ab und zu Altes wiederholen.

Und noch ein Tipp: Lernen zu zweit macht mehr Spaß!

Bereit für das Abenteuer Sprache?

Alors, au travail! Also an die Arbeit!

Bon courage!

Catherine Gagnon und Klaus Sturm

DIE REGELMÄSSIGEN VERBEN
Les verbes réguliers

1 Verben auf *-er*

parler (sprechen)

je	parle
tu	parles
il/elle/on	parle
nous	parlons
vous	parlez
ils/elles	parlent
Imperativ:	Parle! Parlons! Parlez!

Die Verben auf -er sind gekennzeichnet durch die Endungen: **e, es, e, ons, ez, ent.** Nur die Endungen der ersten und zweiten Person Plural sind betont und werden gesprochen. Achtung! Im **Imperativ entfällt das s** bei der **zweiten Person Singular.**

Verben vom Typ *commencer* (beginnen)

je	commence
tu	commences
il/elle/on	commence
nous	**commençons**
vous	commencez
ils/elles	commencent
Imperativ:	Commence! Commençons! Commencez!
Ebenso:	**avancer** (vorankommen), **lancer** qch. (etw. werfen), **renoncer** à qch. (auf etwas verzichten)

Vor Endungen, die mit **o** oder **a** anfangen, **wird** aus dem **c** ein **ç**, z. B.: *nous avançons, j'avançais, en avançant*, weil das *c* als [s] ausgesprochen werden soll.

Verben vom Typ *manger* (essen)

je	mange
tu	manges
il/elle/on	mange
nous	**mangeons**
vous	mangez
ils/elles	mangent
Imperativ:	Mange! Mangeons! Mangez!
Ebenso:	**nager** (schwimmen), **ranger** qch. (etwas aufräumen)

Vor Endungen, die mit **o** oder **a** anfangen, **bleibt** das **e nach** dem **g** erhalten, z. B.: *nous mangeons, je mangeais, en mangeant*, um die Aussprache des *g* als [ʒ] zu behalten.

Verben vom Typ *acheter* (kaufen)

j'	**achète**
tu	**achètes**
il/elle/on	**achète**
nous	achetons
vous	achetez
ils/elles	**achètent**
Imperativ:	Achète! Achetons! Achetez!
Ebenso:	**lever** qch. (etwas heben), **peser** (wiegen)

Wird die **Endung nicht gesprochen**, so wird das **e vor** dem Konsonant zu **è**, z. B.: *j'achète, tu achètes, ils achètent.*

Verben vom Typ *appeler* (jdn. (an)rufen)

j'	app**elle**
tu	app**elles**
il/elle/on	app**elle**
nous	appelons
vous	appelez
ils/elles	app**ellent**
Imperativ:	Appelle! Appelons! Appelez!

Wird die **Endung nicht gesprochen,** so wird der **Konsonant davor verdoppelt,** z. B.: *j'appelle, ils appellent.*

Verben vom Typ *nettoyer* (reinigen, säubern)

je	**nettoie**
tu	**nettoies**
il/elle/on	**nettoie**
nous	nettoyons
vous	nettoyez
ils/elles	**nettoient**
Imperativ:	Nettoie! Nettoyons! Nettoyez!
Ebenso:	**ennuyer** (langweilen), **envoyer** qch. à qn (jdm. etwas schicken)

Vor einem **stummen e** wird das **y** zu **i** z. B.: *je nettoie* [nɛtwa], *tu nettoies* [nɛtwa], *elle ennuie* [ānɥi], *ils ennuient* [ānɥi].

Verben vom Typ *espérer* (hoffen)

j'	**espère**
tu	**espères**
il/elle/on	**espère**
nous	espérons
vous	espérez
ils/elles	**espèrent**
Imperativ:	Espère! Espérons! Espérez!
Ebenso:	**préférer** qch. (etwas bevorzugen), **répéter** qch. (etwas wiederholen)

Wird die **Endung nicht gesprochen,** so wird das **é vor dem Konsonant** zu **è**. z. B.: *j'espère, il espère.*

Verben vom Typ *payer* (zahlen)

je	**paye/paie**
tu	**payes/paies**
il/elle/on	**paye/paie**
nous	pay**ons**
vous	pay**ez**
ils/elles	payent/paient
Imperativ:	**Paye/Paie!** Payons! Payez!
Ebenso:	**essayer** qch. (etwas probieren)

Diese Verben können **vor einem stummen e** in der Endung das **y** entweder **behalten oder durch** ein **i ersetzen**, z. B.: *je paye/ paie* [pεj]/[pε], *tu payes/paies* [pεj]/[pε], *ils payent/paient* [pεj]/[pε].

2   Verben auf *-ir*

Verben vom Typ *finir* (enden/aufhören; beenden/fertigmachen)

je	fini**s**
tu	fini**s**
il/elle/on	fini**t**
nous	fini**ssons**
vous	fini**ssez**
ils/elles	fini**ssent**
Imperativ:	Fini**s!** Fini**ssons!** Fini**ssez!**
Ebenso:	**réfléchir** à qch. (über etwas nachdenken), **choisir** qch. (etwas wählen/aussuchen), **réussir** à faire qch. (gelingen etwas zu tun)

Diese Verben sind durch die Endungen **s, s, t** im Singular und durch zwei verschiedene **Stämme** im Präsens gekennzeichnet: *fini* im Singular und *finiss* im Plural. *Je fini*s, nous *finiss*ons

Verben vom Typ *dormir* (schlafen)

je	**dors**
tu	**dors**
il/elle/on	**dort**
nous	**dormons**
vous	**dormez**
ils/elles	**dorment**
Imperativ:	Dor**s!** Dor**mons!** Dor**mez!**
Ebenso:	partir, sortir

Diese Verben sind durch die Endungen **s, s, t** im Singular und durch die zwei verschiedene Stämme im Präsens gekennzeichnet: *dor* im Singular und *dorm* im Plural. *Tu dor*s, vous *dorm*ez

3   Verben auf *-dre*

Verben vom Typ *attendre* (warten)

j'	attend**s**
tu	attend**s**
il/elle/on	attend**–**
nous	attend**ons**
vous	attend**ez**
ils/elles	attend**ent**
Imperativ:	Attend**s!** Attend**ons!** Attend**ez!**
Ebenso:	**dépendre** de qn/qch., (von jdm./etwas abhängen), **descendre, entendre, perdre, répondre**

Diese Verben sind durch **zwei** verschiedene **Stämme** im Präsens gekennzeichnet, die sich dadurch unterscheiden, dass das **d nur** im **Plural gesprochen wird**: [atã] in *j'attend*s, aber [atãd] in *nous attend*ons. Die Endungen der Singularformen sind **s, s, –**.

4   Die (Hilfs)verben *avoir* und *être*

Das Verb *avoir* (haben)

j'	**ai**
tu	**as**
il/elle/on	**a**
nous	**avons**
vous	**avez**
ils/elles	**ont**
Imperativ:	Aie! Ayons! Ayez!

Das Verb *être* (sein)

je	**suis**
tu	**es**
il/elle/on	**est**
nous	**sommes**
vous	**êtes**
ils/elles	**sont**
Imperativ:	Sois! Soyons! Soyez!

5   Die Verneinung

Die **Verneinung** besteht im Französischen immer aus **zwei Elementen**, die **das konjugierte Verb** (und seine Objektpronomen) **umschließen**: *ne ... pas* (nicht), *ne ... plus* (nicht mehr), *ne ... jamais* (nie), *ne ... personne* (niemand), *ne ... rien* (nichts)

*Mes parents **ne** parlent **pas** anglais.* Meine Eltern sprechen kein Englisch.
Ne** le lui dis **pas. Sage es ihm nicht.
*Elle **n'**habite **plus** à Paris.* Sie wohnt nicht mehr in Paris.
*Il **ne** nous appelle **jamais.*** Er ruft uns nie an.
*Cette femme **ne** parle à **personne.*** Diese Frau spricht mit niemandem.
*Je **n'**entends **rien.*** Ich höre nichts.

Fängt das Verb mit einem Vokal oder einem stummen *h* an, so wird das *ne* apostrophiert!

Exercice 1 – Mettez les verbes à la bonne forme.

La journée d'une élève française

1. Benedikt, un élève allemand _____ (poser) des questions à Marie-France, sa correspondante française, sur son emploi du temps.

   poser une question à qn
   – jdm. eine Frage stellen
   un emploi du temps
   – ein Stundenplan
   débuter – anfangen

2. À quelle heure _____ (débuter) ta journée ?

3. Nous _____ (commencer) l'école à 8 h 30. Pendant la récréation, les élèves _____ (parler) entre eux et _____ (manger) quelque chose. On _____ (arrêter) à 11 h 30. Nous _____ (manger) alors à la cantine du collège.

4. Tu _____ (rentrer) ensuite à la maison ?

5. Pas encore ! Les classes _____ (recommencer) à 13 h 30. L'après-midi, on _____ (travailler) quelquefois au CDI. Je _____ (quitter) l'école à 16 h 30.

   un CDI (centre de documentation et d'information)
   – eine Mediathek
   quitter qch. – etw. verlassen
   une matière – ein Fach

6. Quelles sont les matières que tu _____ (aimer) le plus?

7. J'_____ (aimer) bien les maths, mais je _____ (préférer) l'histoire et la géographie. La journée au collège est longue, mais cela ne m'_____ (ennuyer) pas. Le soir, je _____ (terminer) mes devoirs, puis, vers 19 h 30, mes parents et moi nous _____ (dîner) ensemble.

   terminer qch. – etw. beenden
   dîner – zu Abend essen

8. Et le week-end ?

9. Le samedi, je _____ (répéter) mes leçons, puis ma soeur et moi _____ (ranger) notre chambre. Ensuite, nous _____ (nager) une heure ou deux à la piscine de la ville. Le dimanche, j'_____ (essayer) de me reposer.

   se reposer – sich ausruhen

Exercice 2 – Faites des phrases et mettez le verbe à bonne forme.
Dabei ist der Satzbau Subjekt – Prädikat – Objekt zu benutzen.

1. Caroline/devoir/mathématiques/le/essayer/de faire/de.

2. ennuyer/François/cours/géographie/et/Michel/le/de.

3. journal/père/le/mon/acheter/les/matins/tous.

4. répéter/conjugaisons/ne pas/élèves/assez/les/leurs.

5. est-ce que/appeler/qui/tu?

6. espérer/Italie/Daniel/aller/été/en/cet.

7. ne jamais/parents/le/soir/sortir/mes

8. envoyer/cartes postales/je/amis/toujours/des/à/mes.

Exercice 3 – Traduisez les phrases suivantes (Imperativ!).

1. Räum sofort dein Zimmer auf!

2. Lasst uns im Garten essen!

3. Ruft Oma an!

4. Schick Marie-Hélène eine Geburtstagskarte!

5. Fangen wir an!

6. Wiederholt den letzten Satz!

Exercice 4 – Mettez les verbes à la bonne forme.

Un frère et une sœur

Ma sœur et moi (1) _____ (être) très différents l'un de l'autre. Je (2) _____
(dormir) toujours longtemps le matin. Ma sœur, elle, (3) _____ (sortir) du lit à 6
h 30 pile. Il le faut parce que les filles (4) _____ (réfléchir) pendant
des heures aux vêtements qu'elles vont mettre. Noémie, c' (5) _____ (être) ma
sœur, ne (6) _____ (réussir) jamais à se décider. Je lui (7) _____
(demander) toujours: «Pourquoi est-ce que tu ne (8) _____ (choisir) pas tes
vêtements la veille?» Elle me (9) _____ (répondre) que je (10) _____ (être)
bête et que je ne (11) _____ (penser) qu'au sport. Elle (12) _____ (avoir)
raison: nous n' (13) _____ (avoir) rien en commun. Nous les garçons, nous
(14) _____ (être) plus pragmatiques, nous ne (15) _____ (perdre)
pas notre temps avec des choses stupides comme la mode. Les filles (16) _____
(être) quelquefois difficiles à comprendre! Malgré tout, j' (17) _____ (attendre)
ma soeur tous les matins. Quand, vers 8 h 15, elle (18) _____ (descendre) enfin
de sa chambre, nous (19) _____ (partir) ensemble pour le collège.

Exercice 5 – Faites des phrases et mettez le verbe à la bonne forme.

1. Stéphanie/choisir/moi/souvent/et/vêtements/ensemble/nos.

2. partir/au ski/samedi/je/prochain.

3. père/jamais/perdre/ne/patience/mon.

4. bruit/entendre/est-ce que/bizarre/vous/ce ?

Marginal glossary (left column):

sortir du lit – aufstehen

Il le faut... – Das muss sein...

se décider – sich entscheiden
la veille – der Vorabend
bête – dumm

avoir raison – Recht haben
avoir qch. en commun
    – etwas gemeinsam haben

malgré tout – trotz allem

vers – gegen

perdre patience
    – die Geduld verlieren

un bruit – ein Geräusch

5. courriels/répondre/pourquoi/mes/tu/pas/est-ce que/ ne/à ?

un courriel – eine E-Mail

6. train/tôt/partir/matin/son/très/demain

7. réussir/parce que/il/examens/être/ses/toujours/studieux/très/il.

studieux – fleißig

9. joueurs/d'excellents/être/Français/de/les/foot.

10. bus/nous/heure/attendre/le/depuis/une.

11. choisir/même/souvent/elle/chose/restaurant/ce/la/dans

Exercice 6 – Traduisez les phrases suivantes.

1. Sei nicht so ungeduldig!

ungeduldig – impatient/e

2. Kinder schlafen im Allgemeinen viel, aber mein kleiner Bruder schläft wenig.

im Allgemeinen – en général

3. Wir gehen morgens um 8 Uhr 15 aus dem Haus.

4. Seid nicht so laut! Ich denke nach.

laut – bruyant/e

5. Ich habe keine Lust auf deine Freunde zu warten, weil sie immer zu spät sind.

*Lust haben etwas zu tun
 – avoir envie de faire qch.
zu spät sein – être en retard*

7. Mach deine Hausaufgaben fertig!

8. Diese Schüler beantworten die Fragen des Lehrers nie.

9. Hast du einen Bruder oder eine Schwester?

10. Ihr seid viel zu früh, ich bin noch nicht fertig.

zu früh – trop tôt

12. Lasst uns hinausgehen!

13. Es hängt von dir ab!

14. Warten Sie unten auf uns, wir gehen sofort hinunter.

unten – en bas

15. Verliere keine Zeit!

16. Sie überlegt viel zuviel.

17. Seien Sie bitte pünktlich!

Exercice 7 – Mettez les verbes à la bonne forme.

Une journée dans la vie d'Alexandra, lycéenne allemande

une vie – ein Leben

1. Alexandra, une élève allemande, _____ à Véronique, sa correspondante française, des choses sur elle et sur l'école en Allemagne.

un/e lycéen/ne
– ein/e Gymnasiat/in
un lycée – ein Gymnasium
préféré/e – bevorzugt, Lieblings-
même si – auch wenn

2. J' _____ (avoir) 14 ans. Je _____ (être) en 9ème classe au lycée. Mes matières préférées _____ (être) la physique et les mathématiques et le français. Je _____ (trouver) les cours très intéressants, même s'il y _____ (avoir) beaucoup de devoirs.

3. Est-ce que tu _____ (avoir) classe l'après-midi?

4. Oui et non, les élèves allemands _____ (avoir) peu de cours l'après-midi.

5. Vous _____ (avoir) de la chance!

6. Peut-être, mais nous _____ (avoir) beaucoup de travail à faire à la maison.

7. Ton lycée _____ (être) loin de chez toi?

8. Pas du tout, il _____ (être) près d'ici.

9. Et combien d'élèves est-ce que vous _____ (être) dans votre lycée?

10. Nous _____ (être) un peu plus de 1200 élèves.

11. Tu _____ (être) très bonne en français Alexandra!

12. Merci!

Exercice 8 – Formulez les questions.

Joshua rencontre Vincent dans un café à Nice. Il lui pose des questions.

1. _____

   Je m'appelle **Vincent**.

2. _____

   Non, je ne suis **pas Français**. Je suis Canadien.

3. _____

   J'ai **15 ans.**

4. _____

   Non, je ne suis **pas seul**. Je suis ici avec mes parents.

5. _____

   Nous sommes **du Québec**.

6. _____

   Nous habitons **à Montréal**.

7. _____

_____

Nous restons en Provence **dix jours**.

8. _____

J'aime les montagnes, mais je **préfère la mer**.

Exercice 9 – Mettez les verbes à la bonne forme.

Noël dans une famille française

Chère Emma,

Nous (1) _____ (être) aujourd'hui le 20 décembre. Dans quelques jours,

c' (2) _____ (être) Noël. J' (3) _____ (aimer) beaucoup cette grande fête de

famille et c'est pourquoi j'aimerais te raconter comment on (4) _____ (fêter) ici en

France. Mes parents et moi (5) _____ (commencer) très tôt à préparer

cette journée très spéciale parce qu' il y (6) _____ (avoir) beaucoup de choses à faire. Je

(7) _____ (réfléchir) d'abord longtemps aux cadeaux que je (8) _____

(donner) à ma famille. Les gens qui (9) _____ (attendre) trop longtemps

et qui (10) _____ (acheter) à la dernière minute ne (11) _____

(réussir) souvent pas à trouver le cadeau idéal. Nous (12) _____ (envoyer)

aussi des cartes à notre famille et à nos amis qui (13) _____ (habiter) loin. On

(14) _____ (essayer) chaque année de n'oublier personne. Les enfants,

eux, (15) _____ (envoyer) une lettre au Père Noël, car en France, c' (16) _____

(être) lui qui (17) _____ (apporter) les cadeaux aux enfants. Le Père Noël

(18) _____ (répondre) aussi à toutes les lettres. À la radio, on (19) _____

(entendre) des chansons typiques comme « Petit Papa Noël … ». Comme les Français

(20) _____ (adorer) manger, ils (21) _____ (préparer) toujours

un repas spécial pour le réveillon, le soir du 24 décembre . Traditionnellement, nous

(22) _____ (manger) de la dinde farcie au marrons et comme dessert

de la bûche de Noël. Le repas (23) _____ (finir) toujours très tard. Les enfants

(24) _____ (être) alors très fatigués mais aussi très impatients de recevoir leurs

cadeaux. Ils (25) _____ (espérer) voir le Père Noël, mais ils doivent attendre

jusqu'au matin suivant parce que les enfants français (26) n' _____ (avoir) pas

leurs cadeaux la veille de Noël. Pendant qu'ils (27) _____ (dormir) et

qu'ils (28) _____ (rêver), le Père Noël (29) _____ (descendre)

par la cheminée avec son sac rempli de cadeaux. Le matin du 25 décembre, les enfants

(30) _____ (sortir) du lit très tôt et (31) _____ (trouver) leurs

cadeaux sous l'arbre de Noël.

Comment est-ce que vous (32) _____ (fêter) Noël chez vous en Allemagne?

Est-ce que les enfants (33) _____ (avoir) aussi des cadeaux du Père Noël? Est-ce qu'ils

(34) _____ (attendre) jusqu'au 25 décembre pour les ouvrir? Est-ce qu'on

(35) _____ (manger) quelque chose de spécial? (36) _____ -moi

(envoyer) quelque mots et (37) _____ -moi (raconter) quelque chose sur la fête

de Noël en Allemagne.

Grosses bises,

Noémie

le réveillon
 – der Heiligabend; das
   Weihnachtsfest bzw. das
   Weihnachtsessen, am
   Heiligabend
une dinde farcie aux marrons
 – eine mit Maroni gefüllte
   Pute
une bûche de Noël
 – französischer
   Weihnachtskuchen,
   bestehend aus einer
   Biskuitteigrolle mit
   Cremefüllung in Form
   eines Holzscheites.

une cheminée – ein Kamin

Exercice 10 – Traduisez.

1. Die Geschichte fängt an einem schönen Nachmittag an. Christine und Anne-Marie sind im Park und sehen die Leute an.

2. Es ist ruhig. Vögel singen, Kinder spielen und jemand sammelt leere Flaschen ein.

3. Christine und Anne-Marie langweiligen sich, weil nichts passiert.

seltsam – curieux/se
ein Dieb – un voleur
Haltet den Dieb! – Au voleur!

5. Plötzlich hört man ein seltsames Geräusch, dann schreit jemand: „Haltet den Dieb!"

merkwürdig – bizarre

6. Im selben Augenblick kommt ein Mann in den Park. Er trägt eine schwarze Sonnenbrille und hat ein merkwürdiges Paket unter dem Arm.

aufwachen – se réveiller

7. Christine: „Anne-Marie, sieh diesen Mann an!" Aber Anne-Marie antwortet nicht, sie schläft. „Anne-Marie, wach auf!" „Was?"

8. Der Mann versteckt sich jetzt hinter einem Baum und bewegt sich nicht mehr.

9. Christine denkt nach. „Anne-Marie, hast du dein Handy?" „Ja, natürlich" „Dann lass uns sofort die Polizei anrufen!"

10. „Warum?" „Hinter dem Baum ist der Dieb, den sie sucht." „Dieb? Welcher Dieb?" „Gib mir dein Handy!" Christine ruft die Polizei an.

11. Wenige Minuten später sind die Polizisten da. Ein Polizist schreit: „Bewegen Sie sich nicht!" Der Dieb kommt nun aus seinem Versteck hinaus. Es gelingt den Polizisten, den Mann festzunehmen.

ein Versteck – une cachette
etw. gelingt jdm
   – qn réussit à faire qch.
jdn festnehmen – arrêter qn

12. Anne-Marie: „Wir sind die Heldinnen des Tages!" Christine: „Wir? Ich bin die Heldin!" Anne-Marie: „Schon gut, schon gut, Sherlock Holmes!"

ein/e Held/in
   – un héros, une héroïne
Schon gut. – C'est bon.

DIE UNREGELMÄSSIGEN VERBEN I
Les verbes irréguliers I

Bei den unregelmäßigen Verben muss man zwischen den **stammbetonten** und den **endungsbetonten** Formen unterscheiden. Die **stammbetonten** Formen (1., 2., 3. Person singular und 3. Plural) haben oft einen **anderen Stamm** als der Infinitiv. Die **endungsbetonten Formen** (1. und 2. Person Plural) dagegen **behalten** zumeist den **Stamm des Infinitivs**.

aller (gehen)	
je	**vais**
tu	**vas**
il/elle/on	**va**
nous	allons
vous	allez
ils/elles	**vont**
Imperativ:	*Va! Allons! Allez!*

Bei *aller* behalten nur die **1.** und die **2.** Person **Plural** den **Stamm** *all*: **Alle andere Formen** haben im Präsens **einen mit** *v* angehenden **Stamm**.
Kein *s* im **Imperativ** bei der **2. Person Singular** von *aller*.

faire (machen, tun)	
je	fai**s**
tu	fai**s**
il/elle/on	fait
nous	fai**sons**
vous	fai**tes**
ils/elles	**font**
Imperativ:	*Fais! Faisons! Faites!*

Alle drei Pluralformen von *faire* sind **verschieden:** *faisons, faites* (Vorsicht, kein z!), *font*.

pouvoir (können, dürfen)	
je	**peux**
tu	**peux**
il/elle/on	**peut**
nous	pouvons
vous	pouvez
ils/elles	**peuvent**
Imperativ:	selten

vouloir (wollen)	
je	**veux**
tu	**veux**
il/elle/on	**veut**
nous	voulons
vous	voulez
ils/elles	**veulent**
Imperativ:	selten

Bei *pouvoir* und *vouloir* behalten nur die 1. und die 2. Person Plural den Stamm des Infinitivs. Alle anderen Formen bilden ihren Stamm mit *peu* bzw. mit *veu*.

savoir (können, wissen)	
je	**sais**
tu	**sais**
il/elle/on	**sait**
nous	savons
vous	savez
ils/elles	savent
Imperativ:	*Sache! Sachons! Sachez!*

Die **Imperativformen** von *savoir* entsprechen **nicht**, wie üblich, den Formen des **Präsens**.

pouvoir faire qch.: etwas tun **können**, das heißt die **Fähigkeit**, die **Erlaubnis** oder **die Möglichkeit** haben, etwas zu tun.
savoir faire qch.: etwas tun **können**, das heißt, **wissen, wie es geht**.

vivre (leben)	
je	**vis**
tu	**vis**
il/elle/on	**vit**
nous	vivons
vous	vivez
ils/elles	**vivent**
Imperativ:	*Vis! Vivons! Vivez!*

devoir (müssen)	
je	**dois**
tu	**dois**
il/elle/on	**doit**
nous	devons
vous	devez
ils/elles	**doivent**
Imperativ:	selten

recevoir (etwas bekommen)

je	re**çois**
tu	re**çois**
il/elle/on	re**çoit**
nous	recevons
vous	recevez
ils/elles	re**çoivent**
Imperativ:	Reçois! Recevons! Recevez!
Ebenso:	apercevoir

Bei **recevoir** wird das **c** zu **ç** vor Endungen, die mit **o** oder mit **u** anfangen: je reçois, j'ai reçu. Dadurch behält es die **Aussprache [s]**.

dire (sagen)

je	dis
tu	dis
il/elle/on	dit
nous	di**sons**
vous	**dites**
ils/elles	di**sent**
Imperativ:	Dis! Disons! **Dites!**

Die **2. Person Plural** von **dire** hat einen anderen Stamm als die anderen Pluralformen: vous **dites** (Vorsicht, kein z!). Vergleiche das Verb **faire**.

lire (lesen)

je	li**s**
tu	li**s**
il/elle/on	li**t**
nous	li**sons**
vous	li**sez**
ils/elles	li**sent**
Imperativ:	Lis! Lisons! Lisez!

écrire (schreiben)

j'	écri**s**
tu	écri**s**
il/elle/on	écri**t**
nous	**écrivons**
vous	**écrivez**
ils/elles	écri**vent**
Imperativ:	Écris! **Écrivons! Écrivez!**
Ebenso:	décrire (beschreiben)

Alle **Pluralformen** von **écrire** haben eine Endung, die mit **v** angeht: **écrivons, écrivez, écrivent**.

rire (lachen)

je	ri**s**
tu	ri**s**
il/elle/on	ri**t**
nous	rions
vous	riez
ils/elles	ri**ent**
Imperativ:	Ris! Rions! Riez!

croire qch./qn (etwas./jdm. glauben)

je	crois
tu	crois
il/elle/on	croit
nous	**croyons**
vous	**croyez**
ils/elles	croient
Imperativ:	Crois! **Croyons! Croyez!**

Die Verben **croire** und **voir** sind dadurch gekennzeichnet, dass das **i** zu **y** wird vor den Endungen der **1. und 2. Person Plural**: **croyons, croyez, voyons, voyez**.

voir (sehen)

je	vois
tu	vois
il/elle/on	voit
nous	**voyons**
vous	**voyez**
ils/elles	voient
Imperativ:	Vois! **Voyons! Voyez!**

connaître (kennen)

je	connais
tu	connais
il/elle/on	**connaît**
nous	connaissons
vous	connaissez
ils/elles	connaissent
Imperativ:	Connais! Connaissons! Connaissez!

Connaître + Substantiv: Tu connais la réponse? Nous connaissons la Bretagne.
Savoir + Infinitiv/Objektsatz: Elle ne sait pas nager. Je sais où il habite.

plaire à qn (jdm. gefallen)	
je	plais
tu	plais
il/elle/on	**plaît**
nous	plaisons
vous	plaisez
ils/elles	plaisent
Imperativ:	selten

Die Verben **connaître** und **plaire** sind durch das **i** mit **accent circonflexe** vor dem **t** bei der **dritten Person Singular** gekennzeichnet.

mettre (stellen, liegen, setzen)	
je	me**ts**
tu	me**ts**
il/elle/on	me**t**
nous	me**ttons**
vous	me**ttez**
ils/elles	me**ttent**
Imperativ:	Mets! Mettons! Mettez!
Ebenso:	permettre (erlauben), promettre (versprechen)

prendre (nehmen)	
je	prend**s**
tu	prend**s**
il/elle/on	prend
nous	pre**nons**
vous	pre**nez**
ils/elles	pre**nnent**
Imperativ:	Prends! **Prenons! Prenez!**
Ebenso:	apprendre (lernen), comprendre (verstehen)

Mettre und **prendre** sind durch die Endungen **s, s, -** und den **stummen Konsonanten** bei den **Singularformen** gekennzeichnet.
Bei **prendre** entfällt bei den **Pluralformen** der **Endkonsonant** ganz.

venir (kommen)	
je	**viens**
tu	**viens**
il/elle/on	**vient**
nous	venons
vous	venez
ils/elles	**viennent**
Imperativ:	**Viens!** Venons! Venez
Ebenso:	revenir (wiederkehren, wiederkommen), devenir (werden), tenir (warten), prévenir (warnen, benachrichtigen)

courir (rennen)	
je	cour**s**
tu	cour**s**
il/elle/on	cour**t**
nous	cour**ons**
vous	cour**ez**
ils/elles	cour**ent**
Imperativ:	Cours! Courons! Courez!

Exercice 1 – Conjuguez les verbes.

1. nous (vivre) _____
2. tu (aller) _____
3. ils (connaître) _____
4. vous (prendre) _____
5. on (rire) _____
6. je (courir) _____
7. elles (recevoir) _____
8. il (pouvoir) _____
9. tu (faire) _____
10. nous (croire) _____
11. vous (savoir) _____
12. je (devoir) _____
13. on (venir) _____
14. ils (croire) _____
15. tu (mettre) _____
16. vous (plaire) _____
17. je (lire) _____
18. elle (vouloir) _____
19. nous (dire) _____
20. vous (écrire) _____

Exercice 2 – Complétez les formes verbales.

1. je fai_____
2. il li_____
3. nous pren_____
4. tu vien_____
5. vous di_____
6. elle met_____
7. vous fai_____
8. ils écri_____
9. tu peu_____
10. il va_____
11. nous fai_____
12. elles plai_____
13. nous pou_____
14. ils veu_____
15. je sai_____
16. tu croi_____
17. elle voi_____
18. vous voy_____
19. ils sav_____
20. je pren_____
21. elles vien_____

Exercice 3 – Faites des phrases.
Dabei ist der Satzbau Subjekt – Prädikat – Objekt zu benutzen.

1. parler/parents/chinois/savoir/mes/le

   _____

2. vous/qu'est-ce que/faire ?

   _____

3. Anglais/cinq/thé/les/prendre/le/heures/à

   _____

4. dernier/plaire/son/ne pas/CD/me

   _____

5. Québec/elle/automne/aller/cet/au

   _____

6. Daniel et Annie/sortir/ne pas/soir/pouvoir/ce

   _____

7. recevoir/Père Noël/année/beaucoup de/chaque/le/lettres   chaque – jeder, jede, jedes

   _____

8. grands-parents/Bretagne/vivre/ses/en

   _____

9. trop de/mère/mettre/sel/dans/ma/la/toujours/soupe

   _____

10. avant/rentrer/vous/21 heures/devoir

une blague – ein Witz

11. rire/ne personne/blagues/de/ses

12. vous/Normandie/est-ce que/connaître/la ?

13. partir/je/devoir/tout de suite

14. tu/pourquoi/courir/est-ce que ?

15. dire/qu'est-ce que/vous ?

16. bus/aller/je/le/pour/prendre/collège/au

17. les/jeunes/lire/ne plus/journaux/les /

là-bas – dort

18. là-bas/vous/voir/avion/l' ?

19. sœur/ranger/sa/ne jamais/vouloir/ma/chambre

20. anniversaire/tu/mettre/ta/robe/mamie/pour/est-ce que/bleue/l'/de ?

Exercice 4 – Traduisez les phrases suivantes.

Frédéric décrit son prof de maths

was (*hier*) – ce que

1. Herr Dupont ist ein strenger Lehrer. Er sagt den Schülern immer, was sie tun müssen.

Befehle erteilen
    – donner des ordres

2. Er will die ganze Zeit Befehle erteilen.

une feuille – ein Blatt

3. „Lest Seite 15! Verliert eure Zeit nicht! Macht die Übung 2! Schreibt nichts auf das Blatt!"

4. Er lacht nie, wenn die Schüler Witze machen.

5. Wir können nie auf die Toilette gehen. Wir müssen immer bis zur Pause warten.

6. Wenn ein Schüler die Antwort nicht kennt, sagt Herr Dupont: „Lerne richtig!"

7. Aber Herr Dupont gefällt mir trotzdem, weil er die Sachen sehr gut erklären kann.   *trotzdem – quand même*

8. Eigentlich weiß ich auch, dass er seine Schüler sehr gern mag.   *eigentlich – en fait*

Exercice 5 – Mettez les verbes réguliers et irréguliers à la bonne forme.

La recette de la mousse au chocolat

1. Mes grands-parents _____ (venir) pour le déjeuner dimanche et je _____ (vouloir) faire une mousse au chocolat. Tu _____ (savoir) comment la faire?   *le déjeuner – das Mittagessen*

2. Bien sûr! Nous en _____ (faire) souvent, ma mère et moi.

3. Tu _____ (pouvoir), s'il te _____ (plaire), me donner la recette?

4. C' _____ (être) facile. Tu _____ (prendre) d'abord du chocolat et tu le _____ (faire) fondre au bain-marie.   *faire fondre – zum Schmelzen bringen un bain-marie – ein Wasserbad*

5. Et qu'est-ce qu'on _____ (devoir) faire ensuite?

6. Après, on _____ (prendre) des oeufs, on _____ (séparer) le jaune du blanc. On _____ (devoir) battre les blancs d'oeufs avec de la crème.   *battre qch. – etwas schlagen*

7. Et qu'est-ce que vous _____ (faire) avec les jaunes d'oeufs?

8. Nous les _____ (ajouter) au chocolat fondu. Finalement, on _____ (mélanger) le tout et on le _____ (mettre) au frigo pour quelques heures. Comme tu _____ (voir), tout le monde _____ (pouvoir) faire une mousse au chocolat.   *ajouter qch. à qch. – etwas einer Sache hinzufügen. mélanger qch. – etwas mischen le frigo – der Kühlschrank*   *tout le monde – jeder/alle*

9. Tu _____ (croire)? – Bien sûr!

10. Bon, alors j' _____ (écrire) les ingrédients sur une feuille et je _____ (courir) au supermarché pour les acheter.   *un ingrédient – eine Zutat*

Exercice 6 – Mettez les verbes pouvoir, savoir, vouloir, devoir ou croire.

1. Est-ce que tu _____ jouer au tennis avec moi?

2. Non, je regrette, je ne _____ pas. Je _____ finir mes devoirs. Pourquoi est-ce que tu ne demandes pas à Pierre ou à Paul?

3. Parce qu'ils ne _____ pas jouer au tennis.

4. Tu _____ leur apprendre à jouer.

5. Tu _____?

6. Bien sûr! Comme le dit le dicton: Quand on _____, on _____!   *un dicton – ein Spruch*

Exercice 7 – Complétez avec le verbe savoir ou connaître.

1. Est-ce que vous _____ le nouveau restaurant sur la rue Cartier?

2. Non, nous ne le _____ pas encore, mais nous _____ de
   quel restaurant vous voulez parler. Nous _____ les priopriétaires.
   Ce sont des amis.

3. Est-ce que tu _____ la tarte Tatin?

4. Oui, je la _____ .

5. Est-ce que tu _____ la faire?

6. Non, malheureusement, je ne _____ pas la faire. Je ne _____ pas
   la recette, mais je _____ quelqu'un qui _____ la faire.

un propriétaire – ein Besitzer

Exercice 8 – Mettez les verbes réguliers et irréguliers à la bonne forme.

La France multiculturelle

Chaque année, la France (1) _____ (recevoir) beaucoup d'étrangers qui

(2) _____ (quitter) leur pays pour des raisons politiques, économiques ou

familiales. Les statistiques nous (3) _____ (dire) qu'environ quatre millions

d'étrangers (4) _____ (vivre) aujourd'hui en France. Ils (5) _____ (être)

d'origine européenne (environ 45 %), mais aussi maghrébine (environ 35 %), africaine ou

asiatique. Un tiers d'entre eux (6) _____ (posséder) la nationalité française.

La France (7) _____ (être) le pays où il y (8) _____ (avoir) le plus de demandeurs

d'asile en Europe, environ 60 000 par année. Ils (9) _____ (venir) en France

car ils (10) _____ (vouloir) échapper à la répression dans leur pays. Cependant,

20 % seulement (11) _____ (pouvoir) rester sur le territoire français. Ils

(12) _____ (habiter) pour la plupart près des grandes villes dans des HLM de

banlieues. Malheureusement, cela (13) _____ (provoquer) la création de

ghettos. Même si on (14) _____ (définir) la France comme une nation ouverte, les

immigrés (15) _____ (avoir) encore , comme dans beaucoup d'autres pays, du mal à

s'intégrer.

un(e) étranger(ère)
   – ein(e) Ausländer(in)

une raison – ein Grund

une origine –
   eine Herkunft, eine
   Abstammung
un tiers – ein Drittel

échapper à qch.
   – etwas entkommen
la répression –
   die Unterdrückung
la plupart – die meisten
un HLM
(habitation à loyer modéré)
   – eine Sozialwohung
une banlieue – ein Vorort
provoquer qch.
   –etwas verursachen
avoir du mal à faire qch.
   – Mühe haben, etwas zu tun

Exercice 9 – Traduisez les phrases suivantes.

Une école écolo

1. Die Schüler meiner Schule machen viel für die Umwelt.

écolo(giste)
– *hier* grün

2. Was macht ihr genau?

3. Zweimal im Jahr machen wir den Pausenhof sauber.

4. Müssen alle Schüler helfen?

5. Sie müssen nicht, aber sie wollen alle helfen.

6. Habt ihr andere Projekte?

7. Ja, wir sortieren zum Beispiel den Müll aus für die Wiederverwertung.

der Müll – les déchets
etwas aussortieren – trier qch.
die Wiederverwertung
– le recyclage

8. Die Leute glauben, dass die Jugendlichen sich nicht für die Umwelt interessieren. Das ist aber nicht wahr.

9. Jedes Jahr organisiert unsere Schule einen Umwelttag. Sie lädt Fachleute ein, um die Schüler zu informieren.

jemanden einladen – inviter qn
Fachleute – des experts

10. Man lernt, was man tun kann, um die Umwelt zu schützen.

um etwas zu tun …
– pour faire qch.
etwas schützen – protéger qch.

11. Und du? Was machst du genau gegen die Umweltverschmutzung?

die Umweltverschmutzung
– la pollution de
l'environnement

12. Ich nehme keine Plastiktüten. Außerdem kaufe ich nur Produkte, die eine umweltfreundliche Verpackung haben.

außerdem – de plus
umweltfreundlich – non polluant
die Verpackung – l'emballage (m.)

13. Wie du siehst, kann jeder von uns zum Umweltschutz beitragen.

zu etwas beitragen
– contribuer à qch.
der Umweltschutz
– la protection de
l'environnement

Exercice 10 – Complétez le texte en mettant les verbes ci-dessous à la bonne forme.

vouloir – être – être – parler – pouvoir – pouvoir – acheter – entendre – avoir – avoir – avoir – devoir – dormir – se sentir – dépendre – appeler – demander – chercher – savoir – savoir – envoyer – permettre – dire – recevoir – aller – coûter – comporter

se sentir – sich fühlen

comporter – beinhalten

le portable – das Handy

Le portable pour tous et tous pour le portable!

De nos jours, nous (1) _____ presque tous un portable. Les jeunes surtout, mais aussi les moins jeunes. Mais pourquoi est-ce que nous (2) _____ tous avoir un portable? Est-ce que le portable (3) _____ vraiment indispensable de nos jours?

indispensable – notwendig
disponible – *hier:* frei, erreichbar
joignable – erreichbar

Il est vrai que certaines personnes (4) _____ être disponibles en tout temps. Avec le portable, les médecins ou les gens d'affaires, par exemple, (5) _____ toujours joignables. Ils ne (6) _____ plus du téléphone fixe.

par ailleurs – ansonsten

Par ailleurs, beaucoup de personnes (7) _____ un portable pour (8) _____ en sécurité. En effet, en cas d'urgence, on (9) _____ , avec un portable, (10) _____ de l'aide rapidement, n'importe où.

n'importe où – irgendwo(hin)

On n' (11) _____ plus besoin de (12) _____ une cabine téléphonique. Beaucoup de parents (13) _____ mieux la nuit parce qu' ils (14) _____ que leurs enfants (15) _____ un portable avec eux.

De plus, le portable nous (16) _____ de rester flexibles et d'être plus spontanés. Coincés dans un bouchon? Pas de problème. Nous (17) _____ sur notre portable ou nous (18) _____ un texto et nous (19) _____ que nous (20) _____ être en retard.

être coincé dans un bouchon
  – im Stau stecken

un texto – ein SMS

Mais cette nouvelle technologie (21) _____ aussi des aspects négatifs. On (22) _____ par exemple les conversations des gens qui (23) _____ des appels partout et à tout moment et qui (24) _____ toujours trop fort. Et puis, le portable (25) _____ assez cher.

Finalement, nous (26) _____ beaucoup profiter du portable, si nous (27) _____ l'utiliser correctement.

utiliser qch. – etwas benutzen

DIE ZUSAMMENGESETZTEN FORMEN
Les formes composées

1 Das *passé composé*

Das *passé composé* verwendet man, wenn man über ein Ereignis der Vergangenheit berichten möchte.

*Samedi dernier, Stéphanie **a joué** au tennis avec Sylvianne.* Stéphanie **spielte/hat** letzten Samstag mit Sylvianne Tennis **gespielt**.
*Nous **sommes allés** au cinéma hier.* Wir **gingen/sind** gestern ins Kino **gegangen**.

1.1 Bildung

Das *passé composé* besteht aus einem *verbe auxiliaire* (Hilfsverb), *avoir* oder *être*, im Präsens und aus einem *participe passé* (Partizip).

	sujet	+	avoir/être	+	participe passé	
Hier,	j'	+	ai	+	**dansé**	la salsa.
	tu	+	as	+	**dormi**	jusqu'à midi.
	elle/il	+	a	+	**joué**	au tennis.
	nous	+	avons	+	**travaillé**	toute la journée.
	vous	+	avez	+	**appris**	vos lecons.
	ils/elles	+	ont	+	**regardé**	un film à la télé.
Hier,	je	+	suis	+	**sorti(e)**	avec mes amis.
	tu	+	es	+	**allé(e)**	au cinéma.
	elle/il	+	est	+	**rentré(e)**	de Montréal.
	nous	+	sommes	+	**arrivé(e)s**	en retard.
	vous	+	êtes	+	**resté(e)s**	à la maison.
	ils/elles	+	sont	+	**parti(e)s**	en vacances.

1.2 Die Bildung des *participe passé*

1.2.3 Regelmäßige Verben

Verben auf **-er** haben ein *participe passé* mit Endung auf **-é**: *parler → parlé*.
Verben auf **-ir** haben ein *participe passé* mit Endung auf **-i**: *finir → fini; dormir → dormi*.
Verben auf **-dre** haben ein *participe passé* mit Endung auf **-u**: *attendre → attendu*.

1.2.4 Unregelmäßige Verben

avoir	→	*eu*	*être*	→	*été*
aller	→	*allé*	*faire*	→	*fait*
pouvoir	→	*pu*	*vouloir*	→	*voulu*
savoir	→	*su*	*vivre*	→	*vécu*
devoir	→	*dû*	*recevoir*	→	*reçu*
dire	→	*dit*	*lire*	→	*lu*
écrire	→	*écrit*	*rire*	→	*ri*
croire	→	*cru*	*voir*	→	*vu*
connaître	→	*connu*	*plaire*	→	*plu*
mettre	→	*mis*	*prendre*	→	*pris*
venir	→	*venu*	*courir*	→	*couru*

1.3 *Être* oder *avoir*

1.3.1 Verben, die das *passé composé* mit *être* bilden sind:

- **Verben** der **Bewegungsrichtung** wie *aller, venir, arriver, partir, (r)entrer, sortir, monter, descendre, tomber*
- **reflexive Verben** wie *se lever* (aufstehen), *se laver* (sich waschen), *s'asseoir → assis* (sich hinsetzen), *se rappeler* (sich erinnern)
- sowie die **Verben** *rester, naître* (geboren werden) *→ né, devenir* (werden) *→ devenu, mourir* (sterben) *→ mort*

1.3.2 Verben, die das *passé composé* mit *avoir* bilden sind: _____

- die **Verben** *avoir* und *être,*
- alle **transitive Verben**, das heißt alle Verben mit **einem Objekt, außer den reflexiven Verben,**
- die **meisten intransitiven Verben** (ohne Objekt), wie die Verben, die eine **Bewegungsart ausdrücken** *marcher, nager* (schwimmen), *danser* sowie die **unpersönlichen Verben** wie *pleuvoir → plu, falloir* (brauchen/müssen) → *fallu.*

> *marcher, nager, danser, courir, sauter* usw. sind *keine* **Verben der gerichteten Bewegung.** Deshalb bilden sie im Gegensatz zum deutschen Perfekt das *passé composé* mit *avoir.*

Manche **Verben der Bewegungsrichtung** können ein **Objekt** bei sich haben.
Sie werden also **transitiv** verwendet und bilden dann das *passé composé* mit *avoir.*

*Paul **est monté**.* Paul ist hochgegangen.
*Paul **a monté sa valise** au premier étage.* Paul hat seinen Koffer in den ersten Stock hochgetragen.

1.4 Die Angleichung des *participe passé*

1.4.1 *Passé composé* mit *être* _____

Bildet ein Verb **sein *passé composé*** mit ***être*,** so wird sein *participe passé* dem **Subjekt** in **Genus** und **Numerus** angeglichen. Für das Femininum wird dem *participe passé* ein **-e** angehängt, für den Plural ein **-s**. Ist ein Subjekt im Plural sowohl feminin als maskulin *Linda et André,* dann wird das Partizip nach dem Maskulinum angepasst:

André est sorti. (mask./sing.)
Linda est sorti**e**. (fem./sing.)
André et Laurent sont sorti**s**. (mask./plur.)
Linda et Louise sont sorti**es**. (fem./plur.)
Linda et André sont sorti**s**. (mask./plur.)

> Ist das **Subjekt *je, tu, nous,*** oder ***vous,*** so **muss** sich dieses im Genus nach dem Subjekt richten, das es vertritt. Bei ***on kann*** sich das **Partizip** in **Genus** und **Numerus** nach dem **Subjekt** richtet, das ***on*** vertritt.

*Linda dit: «Je suis sorti**e** hier soir.»*
*Elisabeth dit à Emma et Amélie: «Vous êtes arrivé**es** en retard.»*
*Rachel parle de son voyage avec sa copine: «Nous sommes rentré**es** hier.»*
*Rachel parle de son voyage avec sa copine: «On est rentré**(es)** hier.»*

1.4.2 *Passé composé* mit *avoir* _____

Bildet ein Verb sein *passé composé* mit ***avoir*,** so wird das *participe passé* nur dann **angeglichen,** wenn ein **vorangehendes direktes Objekt** vorhanden ist.
Trifft das zu, so passt sich das *participe passé* dem direkten **Objekt** in **Genus** und **Numerus** an.

*Marc-André, tu as vu mes lunettes? Oui, je les ai **vues** sur la table.*
*Les lunettes que j'ai **vues** sur la table sont à Marc-André.*
*Tu as acheté des croissants? Combien de croissants as-tu acheté**s**?*

2   Das *futur composé*

Das *futur composé* dient dazu, ein Ereignis, **das in der nahen Zukunft liegt,** und/oder eine **feste Absicht** auszudrücken. Es wird aus einer **Präsensform** des Verbs *aller* und einem **Infinitv** gebildet:

	Subjekt	+ Präsensform von *aller*	+ Infinitiv
En septembre,	elle	va	faire des études à Paris.
Le week-end prochain,	nous	allons	faire du ski.

3   Das *passé récent*

Das *passé récent* drückt etwas aus, **was man gerade gemacht hat, was soeben passiert ist,** ein Ereignis also aus der nahen Vergangenheit.
Es wird aus einer **Präsensform** von *venir,* der **Präpostion** *de* und einem **Infinitv** gebildet:

Subjekt	+ Präsensform von *venir*	+ *de* Infinitiv	
Je	viens	de rentrer.	(Ich bin **gerade** heimgekommen.)
Elles	viennent	de sortir.	(Sie sind **soeben** ausgegangen.)

Das *passé récent* wird im Deutschen durch die Adverbien **gerade** oder **soeben** wiedergegeben.

4 Die Wortstellung bei zusammengesetzten Formen

4.1 Verneinung

Wird der Satz verneint, so bildet die **Verneinung** eine **Klammer vor** und **nach** dem konjugierten **Hilfsverb/Verb**.

Je n'ai pas vu Louise aujourd'hui.
Ich habe Louise heute nicht gesehen.

Ils ne vont pas faire de ski demain.
Sie werden morgen nicht Ski fahren.

Elle ne vient pas d'acheter cette robe. (Elle l'a achetée la semaine dernière.)
Sie hat dieses Kleid nicht gerade gekauft. (Sie hat es letzte Woche gekauft.)

4.2 Objektpronomen

Beim **passé composé** steht das **Objektpronomen** unmittelbar **vor** dem konjugierten **Hilfsverb**:

Tu as vu mon livre? Oui, je l'ai vu sur la table.
Hast du mein Buch gesehen? Ja, ich habe es auf dem Tisch gesehen.

Il a montré son bulletin à ses parents? Oui, il leur a montré son bulletin.
Hat er seinen Eltern sein Zeugnis gezeigt? Ja er hat ihnen sein Zeugnis gezeigt.

Beim *futur composé* und beim *passé récent* dagegen steht das **Objektpronomen** unmittelbar vor dem Infinitv, auf den es sich bezieht.

Est-ce que vous allez manger ces croissants? Oui, nous allons les manger.
Werdet ihr diese Croissants essen? Ja, wir werden sie essen.

Est-ce que ton frère a acheté le dernier CD de Corneille? Oui, il vient de l'acheter.
Hat dein Bruder die letzte CD von Corneille gekauft? Ja, er hat sie gerade gekauft.

4.3 Adverbien

- Adverbien des **Ortes** *(ici, là-bas, partout)* und der **bestimmten Zeit** *(aujourd'hui, hier, demain, maintenant)* stehen am **Anfang oder am Ende des Satzes**. Wenn sie am **Anfang** des Satzes stehen, setzt man ein **Komma**.

  Hier, j'ai joué au tennis avec Frédéric.
  Marc-André va faire du vélo demain.
  Nous venons d'acheter une maison ici.

- Adverbien der **Art und Weise** (bien, mal, mieux, vite), der **Menge** *(assez, beaucoup, moins, plus, trop)* sowie Adverbien der **unbestimmten Zeit** *(déjà, encore, toujours, souvent, longtemps, aussitôt, tout de suite)* stehen **meistens nach dem konjugierten Verb/Hilfsverb**.

  Les élèves ont bien travaillé.
  Nous n'avons plus de pain. Je vais vite aller à la boulangerie.
  François vient encore de perdre sa montre.

  Mon père a travaillé tard, hier.
  Nous allons rentrer tôt.
  Elles viennent de manger ensemble.

  > Die Adverbien **après, avant, tôt, tard, ensemble** stehen **immer nach** dem **participe passé** oder **nach dem Infinitiv.**

- **Abgeleitete Adverbien** auf **-ment** stehen meistens **hinter** dem **Participe passé** oder dem **Infinitiv**:

  Eve-Marie a répondu correctement à la question du professeur.
  Je vais faire rapidement mes devoirs.
  Il vient de manger abondamment (reichlich).

- **Modaladverbien**, die sich auf den **ganzen Satz beziehen** wie *malheureusement, heureusement* oder *naturellement* stehen meistens am Satzanfang. Nach diesen Adverbien setzt man ein Komma.

  Malheureusement, elle n'est pas venue au rendez-vous.
  Leider ist sie nicht zu dem Treffen gekommen.

  Heureusement, il vient d'obtenir une augmentation de salaire.
  Glücklicherweise hat er gerade eine Lohnerhöhung bekommen.

  Naturellement, je vais faire de mon mieux.
  Natürlich werde ich mein Bestes tun.

I LE PASSÉ COMPOSÉ

Exercice 1 – Trouvez le participe passé.

1. travailler →
2. connaître →
3. venir →
4. aller →
5. pouvoir →
6. attendre →
7. savoir →
8. dire →
9. avoir →
10. écrire →
11. mettre →
12. devoir →
13. croire →

14. finir →
15. plaire →
16. courir →
17. faire →
18. vouloir →
19. dormir →
20. vivre →
21. lire →
22. être →
23. rire →
24. prendre →
25. recevoir →
26. voir →

Exercice 2 – Passé composé avec avoir. Mettez les verbes à la bonne forme.

Des vacances au Québec

1. Qu'est-ce que tu _____ (faire) pendant les vacances?

2. J' _____ (être) au Québec avec mes parents.

3. Est-ce que vous _____ (aimer) votre séjour?

4. Nous _____ (adorer) ça.

5. Raconte-moi ce que vous _____ (voir)?

6. D'abord, nous _____ (passer) une semaine à Montréal, chez mon oncle Anthony et ma tante Colette. Quelle ville excitante! Mes parents, mon oncle et ma tante _____ (visiter) le Vieux-Montréal et le Musée des Beaux-arts. Ma cousine Anne-Marie et moi, nous _____ (marcher) dans les rues de la petite Italie et du quartier chinois. Bien sûr, nous _____ (acheter) des fringues dans les magasins de la rue Sainte-Catherine. On _____ (prendre) un pot aux terrasses de la rue Prince-Arthur et on _____ (écouter) de la musique au Festival International de Jazz.

7. Est-ce que tu _____ (comprendre) le parler québécois?

8. Au début, j' _____ (avoir) un peu de mal, mais j' _____ (réussir) à m'y habituer assez rapidement. Nous _____ (trouver) les Québécois très sympathiques. J' _____ (rencontrer) les amis de ma cousine. On _____ (rire) ensemble.

9. Est-ce que vous _____ (visiter) d'autres régions?

10. Oui, on _____ (faire) aussi quelques jours de camping dans un parc national en Gaspésie. Sur le chemin du retour, nous _____ (pouvoir) voir

passé – *hier:* verbringen

les fringues – die Klamotten

prendre un pot – etw. trinken
la terrasse
　　– *hier:* ein Straßencafé

le parler – die Mundart

s'habituer à qch
　　– sich an etw. gewöhnen

des baleines près de Tadoussac. Nous _____ (finir) notre voyage
à Québec. La Vieille Capitale, c'est comme ça qu'on appelle la ville de Québec,
nous _____ (plaire) énormément. J'_____ (aimer) le Château
Frontenac et la terasse Dufferin avec sa vue superbe sur le fleuve Saint-Laurent. Mes
parents, eux, _____ (préférer) la Place Royale et le quartier du Petit
Champlain. J'_____ (lire) d'ailleurs dans mon guide touristique que c'est Samuel
de Champlain qui _____ (fonder) la ville de Québec en 1608. Finalement,
nous _____ (reprendre) l'avion pour Paris à Montréal.

une baleine – ein Walfisch

un fleuve – ein Fluss, ein Strom

d'ailleurs – übrigens
fonder qch – etw. gründen

Exercice 3 – Passé composé avec être.

Shopping au centre-ville

Marie-France raconte: « Samedi dernier, je (1) _____ (aller) au centre-ville
faire du shopping. Ma copine Stéphanie et son frère Sébastien (2) _____
(venir) avec moi. Nous (3) _____ (partir) en train à 9 heures du matin.
On (4) _____ (arriver) au centre-ville vers 9 heures 30. Stéphanie et
moi (5) _____ (entrer) dans toutes les boutiques de vêtements.
Sébastien, lui, (6) _____ (aller) chez les disquaires. Il (7) _____
(rentrer) seul vers midi. Stéphanie et moi (8) _____ (rester) pour
aller manger quelque chose. Nous (9) _____ (sortir) du restaurant
vers 14 heures et (10) _____ (aller) prendre le train. Quand je
(11) _____ (descendre) du train, je (12) _____
(tomber). Mon pied (13) _____ (devenir) tout enflé. Heureusement, ma mère
(14) _____ (venir) nous chercher à la gare. »

un disquaire – ein Musikgeschäft

enflé(e) – geschwollen

Exercice 4 – Avoir ou être?

Négligence criminelle

Un appartement de la rue Saint-Louis (1) _____ (être) la cible d'un
cambriolage, hier soir vers 21 heures. Les voleurs (2) _____ (entrer)
par une fenêtre du rez-de-chaussée. Ils (3) _____ (monter) au
premier étage, où ils (4) _____ (trouver) un coffre-fort contenant des
bijoux. Ils (5) _____ (prendre) tous les bijoux ainsi que de l'argent et deux
tableaux. Ils (6) _____ (descendre) ensuite à la cuisine. Là, ils
(7) _____ (manger) du caviar. Ils (8) _____ (sortir) par
la porte d'entrée et (9) _____ (partir) dans une BMW noire. Un voisin
(10) _____ (entendre) des bruits bizarres et (11) _____ (voir)
les voleurs quitter l'appartement. Il (12) _____ (appeler) la police, qui
(13) _____ (arriver) quelques minutes plus tard sur le lieu du crime. Les
policiers (14) _____ (commencer) tout de suite leurs recherches.
Ils (15) _____ (trouver) dans la cuisine, à côté des restes de caviar, un
porte-monnaie avec une carte d'identité. Ils (16) _____ (aller) à l'adresse
indiquée. Ils (17) _____ (rester) dans la voiture et (18) _____
(attendre) une heure. Puis, deux hommes masqués (19) _____ (rentrer)
avec un sac contenant le butin. La police (20) _____ (pouvoir) alors arrêter les
cambrioleurs et rendre les objets volés à leur propriétaire.

une cible – ein Ziel
un cambriolage – ein Einbruch
un rez-de-chaussée
*   – ein Erdgeschoss*

un tableau – ein Gemälde

le lieu du crime – der Tatort

le butin
*   – die Beute, das Diebesgut*

Exercice 5 – Répondez aux questions suivantes.

Employez des pronoms chaque fois que c'est possible.
Attention à l'accord du participe passé!

1. Tes parents sont-ils rentrés de vacances?

    Non,

2. Est-ce que la prof a corrigé la traduction?

    Oui,

3. Charlotte a écrit à sa grand-mère?

    Non,

4. Est-ce que les Samson ont acheté la maison de la rue Saint-Antoine?

    Non,

5. Avez-vous vu Linda?

    Oui,

6. Le film vous a plu?

    Non,

7. Les élèves ont-ils fini les exercices?

    Oui,

8. Est-ce que Laurent a monté les valises de grand-mère dans la chambre?

    Non,

9. Est-ce que Sophie et Sarah sont sorties hier soir?

    Non,

10. As-tu appris tes leçons?

    Oui,

11. Vous avez entendu la nouvelle chanson de Céline Dion?

    Non,

12. Le premier ministre a-t-il fait sa déclaration?

    Oui,

13. Vos amis sont-ils venus à la fête?

    Non,

14. Tu as reçu ma carte postale de Lyon?

    Oui,

15. Est-ce que les élèves ont écrit la traduction?

    Non,

16. Valérie et Thomas sont-ils partis en vacances?

    Non,

Exercice 6 – Faites des phrases au passé composé.

Attention à l'accord du participe passé et à l'ordre des mots!

1. manger/est-ce que/tu/assez ?

2. Amélie/à/ce matin/aller/l'école/ne pas

3. faire/Benedikt et Sebastian/devoirs/ensemble/leurs

4. tard/rentrer/ne pas/nous

5. partir/elles/déjà/est-ce que ?

6. à l'heure/arriver/vous/heureusement

7. marathon/la semaine dernière/un/courir/Olivier

8. sagement/enfants/jouer/les

   sagement – brav

9. tu/ne pas/leçons/bien/tes/apprendre

10. le film/plaire/nous/ne pas/malheureusement

11. amies/est-ce que/tôt/rentrer/vos/?

12. lentement/glace/Alexandra/manger/sa

13. ton/encore/oublier/tu/dans/parapluie/le bus

14. naître/fille/avant-hier/leur

15. la traduction/je/rapidement/faire

Exercice 7 – Traduisez les phrases suivantes.

Juliette Binoche: portrait d'une actrice française

1. Juliette Binoche wurde am 9. März 1964 in Paris geboren.

2. Später haben Juliette, ihre Mutter und ihre Schwester Marion im Loir-et-Cher gelebt.

ein/e Schauspiellehrer/in
– un/e prof de théâtre

3. Juliettes Mutter, Monique Stalens, ist ihre erste Schauspiellehrerin gewesen.

eine Ausbildung – une formation
ein Konservatorium
– un conservatoire

4. Mit 17 ist Juliette nach Paris gegangen. Dort hat sie ihre Ausbildung am Konservatorium begonnen.

einen Preis bekommen
– recevoir un prix

5. Für ihre Rolle in dem Film *Rendez-vous* von André Téchiné hat sie 1986 den Romy-Schneider-Preis bekommen.

6. Juliette Binoche hat nicht nur in Filmen gespielt. Zuerst hat sie auch Theater gemacht.

dank – grâce à
mit etw. ausgezeichnet (werden)
– être récompensé par qch

7. Dank ihrer Rolle im Film *Der englische Patient* ist sie die zweite mit einem Oscar ausgezeichnete französische Schauspielerin gewesen.

8. Seitdem ist Juliette ein internationaler Star geworden.

II LE FUTUR COMPOSÉ

Exercice 8 – Faites des phrases. Mettez les verbes au futur composé.

1. à Rouen/Benedikt/faire des études/cet automne

2. un échange/les élèves/faire/un collège français/avec

3. dire/je/lui/ne pas/le

4. lui/tu/écrire ?

5. bientôt/nous/les États-Unis/partir

   _____

6. demander/est-ce que/vous/lui/le chemin?

   _____

7. je/naturellement/envoyer/une invitation/leur

   _____

8. prendre/son/ne pas/parapluie/Sophie

   _____

Exercice 9 – Mettez le texte au futur composé.

Vive la routine!

Tous les jours, nous prenons le petit déjeuner à 7 heures, sauf mon frère, il ne mange rien. Mon père quitte la maison à 7 heures 30. Mon frère et moi partons pour l'école à 8 heures. Ma mère commence à travailler à neuf heures. À midi, je mange à la cantine avec mon frère. Mon père, lui, déjeune au restaurant avec des clients. Ma mère ne mange pas beaucoup à midi. Elle prend seulement un sandwich au bureau, puis elle fait des courses ou elle va à la bibliothèque municipale. Après l'école, j'achète des pains au chocolat à la boulangerie pour mon frère et moi. On les mange à la maison et on fait tout de suite nos devoirs. Ensuite, je joue du violon jusqu'à 19 heures. Mon frère et ses amis jouent au basket. Mon père rentre du boulot vers 19 heures 15 et prépare le dîner. Ma mère rentre tard. Vers 20 heures, nous mangeons ensemble. Nous ne regardons pas la télé parce que nous allons tôt au lit.

Demain, comme d'habitude ...

_____

_____

_____

_____

_____

_____

_____

_____

_____

_____

_____

_____

_____

_____

_____

_____

_____

_____

_____

Exercice 10 – Traduisez les phrases suivantes en utilisant le futur composé.

Projets de vacances

in Urlaub fahren
– partir en vacances

1. In zwei Wochen werden wir in Urlaub nach Südfrankreich fahren.

fliegen – prendre l'avion

2. Werdet ihr fliegen?

ein Autoreisezug
– un train autos-couchettes

3. Wir werden nicht fliegen. Wir werden den Autoreisezug bis Nizza nehmen.

4. Meine Mutter wird nicht schlafen können, weil sie zu nervös sein wird.

5. Wie lange werdet ihr dort bleiben?

bereisen – parcourir

6. Wir werden eine Woche zusammen bleiben. Meine Eltern werden danach allein die Provence bereisen.

7. Wirst du nicht mit Ihnen gehen? Was wirst du machen?

einen Kurs besuchen
– suivre un cours

8. Ich werde einen Aquarellkurs in Antibes besuchen.

9. Wann wirst du deine Eltern wiedersehen?

jdn. abholen
– aller bzw. venir
chercher qn

10. Sie werden mich nach dem Kurs in Antibes abholen. Wir werden dann zusammen nach Hause fahren.

III LE PASSÉ RÉCENT

Exercice 11 – Dites ce qu'ils ont fait il y a peu de temps.

1. Pierre: réparer sa voiture

2. Anthony et Colette: rentrer de voyage

3. Nous: acheter une maison

4. Je: ranger ma chambre

5. Vous: faire du vélo

6. Tu: finir tes devoirs

Exercice 12 – Répondez aux questions. Utilisez le passé récent et des pronoms chaque fois que c'est possible.

1. Est-ce que tu as vu Sarah?

   Oui;

2. Les élèves ont terminé les exercices?

   Oui,

3. Les enfants, avez-vous pris vos vitamines?

   Oui,

4. Est-ce que mon paquet est arrivé?

   Oui,

5. Tu as téléphoné à Amélie?

   Oui,

Exercice 13 – Traduisez les phrases suivantes.

1. Möchten Sie ein Stück Kuchen? Nein danke, wir haben gerade zu Mittag gegessen.

2. Hast du die Hose gerade gekauft? Nein, ich habe sie nicht gerade gekauft. Ich habe sie schon seit Langem.

   seit Langem – depuis longtemps

3. Ist Stéphanie da? Ja, sie ist soeben heimgekommen.

Nachwuchs erwarten
 – attendre une naissance

4. Die Duponts erwarten wieder Nachwuchs. Glücklicherweise haben sie soeben ein
    großes Haus gekauft.

zerstreut – distrait(e)
wieder mal – encore une fois

5. Mein Vater ist sehr zerstreut. Er hat gerade wieder mal seine Schlüssel verloren.

6. Was machen die Kinder? Sie sind soeben zusammen ausgegangen.

etw. verpassen – rater qch

7. Wir haben den Bus verpasst. Leider ist er soeben weggefahren.

8. Hast du meine Schuhe gesehen? Ja, ich habe sie gerade in den Schrank geräumt.

9. Spielen wir morgen Tennis? Nein, ich habe heute gerade Tennis gespielt.

DIE REFLEXIVEN VERBEN
Les verbes pronominaux

1 Definition

Verben sind reflexiv, wenn die Handlung, die das Verb ausdrückt, auf das Subjekt ausgeübt wird:

*Je **m'habille**.* Ich ziehe **mich** an.
*Elle **se lave**.* Sie wäscht **sich**.
*Les enfants **s'amusent**.* Die Kinder amüsieren **sich**.

2 Bildung

Reflexive Verben haben stets ein reflexives Pronomen bei sich, das sich auf das Subjekt bezieht.
Diese Pronomen lauten: ***me/m', te/t', se/s', nous, vous, se/s'***

Je	**me**	lève		Je	**m'**	appelle
Tu	**te**	lèves		Tu	**t'**	appelles
Il/elle/on	**se**	lève		Il/elle/on	**s'**	appelle
Nous	**nous**	levons		Nous	**nous**	appelons
Vous	**vous**	levez		Vous	**vous**	appelez
Ils/elles	**se**	lèvent		Ils/elles	**s'**	appellent

3 Wortstellung

3.1 Verneinung

Die **zwei Elemente** der Verneinung bilden eine **Klammer**, die **das konjugierte Verb**
mit seinem **reflexiven Pronomen umschließt**:

*Elle **ne** s'appelle **pas** Marie.*
*Je **ne** me rappelle **plus** ce qu'il a dit.*
*Nous **ne** nous levons **jamais** avant 10 heures.*
*Tu **ne** t'achètes **rien**?*

3.2 Reflexive Verben im Imperativ

Im **Imperativ** stehen die **reflexiven Pronomen** nicht vor dem Verb,
sondern **mit Bindestrich hinter dem Verb**. Vorsicht: Aus *te* wird *toi!*

*Tu te lèves → Lève-**toi**!*
*Nous nous levons. → Levons-**nous**!*
*Vous vous levez. → Levez-**vous**!*

Wird der **Imperativ** aber **verneint**, so bleibt die **Wortstellung wie im Aussagesatz** erhalten:

*Ne **te** lève pas!*
*Ne **nous** levons pas!*
*Ne **vous** levez pas!*

3.3 Reflexive Verben in infinitiven Konstruktionen

Wird das reflexive Verb nach gewissen Ausdrücken *(vouloir faire qch., aller faire qch., ...)*
im **Infinitiv** verwendet, so bleibt das **reflexive Pronomen** stets **vor** dem **Infinitiv**.

*Mon frère ne veut pas **se** lever.*
*Demain, je vais **m'**acheter un nouveau pull.*
*Nous venons de **nous** laver les cheveux.*

4   Reflexive Verben und *passé composé*

4.1 Bildung

Alle reflexive Verben bilden das *passé composé* mit dem Hilfsverb *être*:

Je	me **suis**	levé	
Tu	t'**es**	levé(e)	
Elle/Il	s'**est**	levé(e)	à sept
Nous	nous **sommes**	levés	heures.
Vous	s'**êtes**	levé(e)s	
Elles/Ils	se **sont**	levé(e)s	

4.2 Angleichung

4.2.1 Allgemeine Regel

Wie alle Verben, die das *passé composé* mit *être* bilden, wird das **participe passé**
der reflexiven Verben **in den meisten Fällen** dem **Subjekt angeglichen**:

Il s'est levé – Elle s'est levée

4.2.2 Reflexive Pronomen als direktes Objekt oder indirektes Objekt

Das **reflexive Pronomen** kann die **Funktion** eines **direkten Objekts** oder eines
indirekten Objekts übernehmen. Wenn das reflexive Pronomen das **direkte Objekt** ist,
muss man – wie beim *passé composé* mit *avoir* – seine **Stellung** beachten.

Elle s'est lavée.	***Elle a lavé qui?*** Wen hat sie gewaschen? – Sich selbst. **Se** dient hier als direktes Objekt. Weil es vor dem Verb steht, wird das Partizip angeglichen.
Elle s'est lavé les cheveux.	***Elle a lavé quoi?*** Was hat sie gewaschen? – Ihre Haare. Das direkte Objekt *ses cheveux* steht hier nach dem Verb. Das Partizip wird also nicht angeglichen.
La robe qu'elle s'est achetée est très jolie.	***Elle a acheté quoi?*** Das direkte Objekt *la robe,* vertreten durch das Relativpronomen **que,** steht vor dem Verb. Also wird das Partizip angeglichen.
Elle s'est acheté une robe.	***Elle a acheté quoi?*** Das direkte Objet *une robe* steht nach dem Verb. Das Partizip wird also nicht angeglichen. Das reflexive Pronomen übernimmt hier die Rolle des indirekten Objektes: ***Elle a acheté une robe à qui? À elle.***

Exercice 1 – Mettez les verbes à la bonne forme.

1. Mes grands-parents _____ (se promener) souvent en forêt.

2. Ma sœur et moi, nous _____ (se disputer) sans arrêt.

3. Est-ce que tu _____ (s'intéresser) au cinéma français?

4. Je _____ (se demander) comment elle _____ (s'appeler).

5. À quelle heure est-ce que vous _____ (se lever) le matin?

6. Manuel _____ (se préparer) à partir pour l'Australie.

7. Charlotte et ses amis _____ (se retrouver) ce soir devant le cinéma.

8. Laurent _____ (s'occuper) beaucoup de son petit frère.

9. Les élèves _____ (s'ennuyer) toujours dans les cours de M. Dupont.

10. Pendant la semaine, nous _____ (se coucher) vers 22 heures.

11. Pourquoi est-ce que tu _____ (se cacher)?

12. Je _____ (s'intéresser) beaucoup à l'environnement.

13. Est-ce que vous _____ (s'amuser) bien?

Exercice 2 – Faites des phrases.

1. tu/est-ce que/s'appeler/comment ?

   _____

2. s'intéresser à/le foot/ne pas/Il

   _____

3. les mains/nous/le repas/toujours/se laver/avant

   _____

4. se disputer/les enfants/devant/ne jamais/ils

   _____

5. vous/est-ce que/se retrouver/où ?

   _____

6. fête/se préparer/la/je/pour

   _____

7. le rivage/s'éloigner de/le bateau/tranquillement

   _____

   le rivage – die Küste, das Ufer
   s'éloigner de
   – weit(er) weg gehen,
   sich entfernen

8. la troupe de théâtre/s'occuper de/ Mme Vézina/ne plus

   _____

9. se coucher/toujours/tu/trop tard

   _____

Exercice 3 – Traduisez les phrases suivantes.

Mme Durand doit travailler tout le week-end. Elle dit aux enfants ce qu'ils doivent et ce qu'ils ne doivent pas faire.

rechtzeitig – à l'heure

1.   Steht rechtzeitig auf!

2.   Kauft euch Croissants zum Frühstuck!

3.   Streitet nicht die ganze Zeit!

4.   Simon, wascht dir die Haare!

5.   Geht nicht zu weit weg!

ein Meerschweinchen
 – un cochon d'Inde

6.   Émilie, kümmere dich um dein Meerschweinchen!

sich über jede Kleinigkeit ärgern
 – se fâcher pour un rien

7.   Olivia, ärgere dich nicht über jede Kleinigkeit!

die Süßigkeiten – les sucreries

8.   Kauft euch nicht zu viele Süßigkeiten!

9.   Zieht euch warm an!

sich treffen – se retrouver

10. Treffen wir uns in der Pizzeria zum Abendessen!

Exercice 4 – Faites des phrases au présent.

1.   Sophie/se disputer/ encore une fois/sa sœur/venir de/avec

2.   ne pas/petit frère/les dents/vouloir/mon/se brosser

3.   nouvelle/ils/s'acheter/venir de/une voiture

4.   nous/ne pas/se promener/sous la pluie/aimer

5.   se dépêcher/je/devoir/toujours

une B.D. (bande dessinée)
 – ein Comic(-Heft)

6.   dernière/aller/la/tu/B.D./s'acheter/de Titeuf/ est-ce que ?

7. en rouge/vous/pourquoi/s'habiller/vouloir/est-ce que/ne jamais?

8. s'occuper de/le chien/devoir/nos voisins/nous/de

9. on/très bien/aller/s'amuser/ce soir

10. le film/je/ne pas/pouvoir/se concentrer sur

Exercice 5 – Mettez les verbes à la bonne forme au présent.

Un après-midi au zoo.

J' aime beaucoup (1) _____ (se promener) au zoo parce que je

(2) _____ (s'intéresser) aux animaux. Je (3) _____

(se demander) souvent si les animaux (4) _____ (s'intéresser) eux aussi

à nous. Je (5) _____ (se souvenir) d'une visite au jardin zoologique avec

ma copine Emmanuelle.

Nous (6) _____ (se retrouver), elle et moi, devant l'entrée.

On (7) _____ (se promener) tranquillement. Tout à coup, on

entend les singes qui (8) _____ (se disputer). Emmanuelle et moi,

(9) _____ (se dépêcher) à aller voir ce qui

(10) _____ (se passer). Le gardien nous dit:

« (11) _____ (s'inquiéter – ne pas)! Ils veulent

seulement (12) _____ (s'amuser). Je vais tout de suite

(13) _____ (s'occuper) d'eux. » Rassuré(e)s, on (14) _____

(s'éloigner) de l'enclos des singes. Emmanuelle me dit: «J'ai chaud.» Je lui

répond alors: « (15) _____ (s'acheter)

une glace!» Nous continuons ensuite à (16) _____ (se balader).

On (17) _____ (s'approcher) de l'enclos des ours bruns. Je dis:

«Regarde les oursons!» Emmanuelle me répond: «Je ne les vois pas.» Je lui dis:

«Mais (18) _____ (s'approcher)! Les oursons

(19) _____ (se cacher) derrière leur mère.»

Je vais (20) _____ (se rappeler) cette viste encore longtemps.

un singe – ein Affe

rassuré/e – erleichtert
un enclos – ein Gehege

se balader
– spazieren gehen,
spazieren fahren

un ourson
– ein Bärenjunge

Exercice 6 – Mettez les verbes pronominaux au passé composé.

1. Marie et moi, nous _____ (se lever) à 7 heures ce
   matin.

2. Elles _____ (se disputer) avec leurs copines.

3. Est-ce que tu _____ (s'amuser) à la fête, Laurent?

4. Où est-ce que vous _____ (se promener) cet après-midi?

5. Sylvie, est-ce que tu _____ (se laver) les cheveux?

6. Je _____ (se coucher) tôt hier soir.

7. Il _____ (s'ennuyer) pendant le concert.

8.   Tu as vu la nouvelle jupe que je   (s'acheter)?

9.   Elle   (se dépêcher) pour attraper le bus.

10. Les enfants   (s'habiller) rapidement.

11. Qu'est-ce qui   (se passer)?

12. Pourquoi est-ce que le chat   (se cacher) derrière le canapé?

13. Je regrette madame, mais vous   (se tromper) de numéro.

14. Juliette   (se casser) une jambe.

se tromper
* – sich täuschen, sich irren,*
*   hier: sich verwählen*
se casser qch – sich etw. brechen

Exercice 7 – Faites l'accord si nécessaire.

1.   Salut Sarah, tu t'es acheté   de nouvelles chaussures?

2.   J'aime beaucoup les nouvelles chaussures que tu t'es acheté   , Sarah.

3.   Ève-Marie, Samuel, vous vous êtes lavé   ?

4.   Les enfants, vous vous êtes lavé   les dents?

5.   Thomas s'est cassé   une jambe.

6.   Quelle jambe est-ce que Thomas s'est cassé   , la gauche ou la droite?

7.   Combien de livres est-ce que Frédéric s'est acheté   ?

8.   Il s'est acheté   trois livres.

Exercice 8 – Traduisez les phrases suivantes.

1.   Die Kinder haben sich noch nicht angezogen.

eine Prüfung – un examen

2.   Habt ihr euch schon auf die Prüfung vorbereitet?

sich Sorgen machen – s'inquiéter
furchtbar – terriblement

3.   Seine Eltern haben sich furchtbar Sorgen gemacht.

4.   Wir haben uns vorgestern im Café getroffen.

5.   Er hat sich nie für Politik interessiert.

6.   Die Brille, die er sich gekauft hat, ist wirklich sehr modisch.

7.   Ich habe mich oft um die Kinder meiner Schwester gekümmert.

8.   Sie hat sich die blaue Sonnenbrille nicht gekauft.

9.   Hast du dich im Urlaub gut amüsiert, Elisabeth?

10. Ich habe mich nicht genug auf die Hausaufgabe konzentriert.

Exercice 9 – Mettez les verbes à la forme et au temps nécessaires.

Un examen désastreux

Rachel et Mireille parlent de l'examen de chimie qu'elles ont écrit ce matin.

« Je (1) _____ (se demander) ce qui (2) _____

(se passer) ce matin. Je (3) _____ (ne plus – se rappeler)

les formules. »

« Est-ce que tu (4) _____ (ne pas – se préparer) à l'examen ? »

« Si, Mathilde et moi, nous (5) _____ (se préparer)

ensemble hier soir jusqu'à minuit, mais je n'ai pas pu (6) _____

(se concentrer). »

« Évidemment, vous (7) _____ (se coucher) trop tard. Quand on

(8) _____ (se coucher) tard et qu'on (9) _____ (se lever) tôt, on

ne peut pas (10) _____ (se concentrer). »

« Et toi, est-ce que tu (11) _____ (s'inquiéter) de ton résultat ? »

« Pas vraiment. Je sais que beaucoup d'élèves (12) _____

(se tromper) à la question 3 et qu'ils ont dû (13) _____ (se dépêcher)

pour finir, mais pas moi. Comme je (14) _____ (se préparer)

intensivement avec les livres que je (15) _____ (s'acheter), je

(16) _____ (se souvenir) des formules. »

« Tu (17) _____ (s'acheter) des livres de chimie ? »

« Oui, je (18) _____ (s'intéresser) beaucoup à cette matière. »

« Eh bien, Mathilde et moi, non. Nous (19) _____ (s'ennuyer) toujours

pendant le cours de chimie. »

« Évidemment, vous préférez (20) _____ (s'amuser) ! »

se rappeler qch
– sich an etwas erinnern

se souvenir de qch
– sich an etwas erinnern

IMPERFEKT
L'imparfait

1 Formen

Das *imparfait* wird mit dem **Stamm** der **ersten Person Plural Präsens**
und **den Endungen -ais, -ais, -ait, -ions, -iez, -aient** gebildet.
Beispiel: *acheter*

	*nous achet*ons achet +
-ais	*j'achet*ais
-ais	*tu achet*ais
-ait	*il achet*ait
-ions	*nous achet*ions
-iez	*vous achet*iez
-aient	*ils achet*aient

Ausnahme: *être → j'étais*

1.1 Besonderheiten im Schriftbild

1.1.1 Verben auf *-cer* und *-ger*

*manger: nous mang*eons *→ je mang*eais
*aber: → nous mang*ions

Vor *imparfait*-Endungen, die mit *a* anfangen, bleibt das *e* nach dem *g* erhalten,
z. B.: *je mang*eais, *ils mang*eaient, um die Aussprache des *g* als [ʒ] zu behalten.

*commencer: nous commen*çons *→ je commen*çais
*aber: → nous commen*cions

Vor *imparfait*-Endungen, die mit *a* anfangen, bleibt das *ç* erhalten,
z. B. *j'avan*çais, weil das **c** wie [s] ausgesprochen werden soll.

1.1.2 Verben auf *-ayer* und *-oyer/uyer*

*payer: nous pay*ons *→ nous pay*ions
*nettoyer: nous nettoy*ons *→ nous nettoy*ions

Bei diesen Verben muss man auf die Endungen der **1. und 2. Person
Plural** achten. **Dem *y* folgt immer ein *i*:** *pay*ions, *pay*iez, *nettoy*ions, *nettoy*iez. Ebenso die Verben *croire* und *voir*: *nous croy*ions, *vous voy*iez

1.1.3 Das Verb *rire*

*rire: nous ri*ons *→ nous ri*ions

2 Bedeutung

Das *imparfait* verwendet man wie das *passé composé*, wenn man über ein **Ereignis**
in der **Vergangenheit** berichten möchte. *Imparfait* und *passé composé* beziehen sich also beide
auf **dieselbe Zeitstufe**. Sie **unterscheiden sich** aber in ihrer **Sichtweise**, das heißt in der Art,
wie sie den **Ablauf** des Geschehens **darstellen**. Diese unterschiedliche Darstellung nennt man **Aspekt**.

Olivia étudiait quand Alexandre a téléphoné.

il a téléphoné

elle étudiait

Das *imparfait*

- stellt das Geschehen mitten in seinem Ablauf dar *(étudiait)*,
- lässt uns das Geschehen von innen betrachten,
- zeigt weder den Anfang noch das Ende des Geschehens. Beide sind hier unwichtig.

Das passé *composé*

- stellt das Geschehen in seiner ganzen Einmaligkeit dar *(a téléphoné)*,
- lässt uns das Geschehen von außen betrachten,
- betont den Anfang oder das Ende des Geschehens, vielleicht sogar beides.

3   Gebrauch

3.1 Das *imparfait* zum Ausdruck einer Gewohnheit

Das *imparfait* wird verwendet, um eine **Gewohnheit** oder ein **wiederholtes Geschehen** von **unbegrenzter Häufigkeit** zum Ausdruck zu bringen. Es wird dann oft von Ausdrücken wie *souvent, régulièrement, habituellement, tous les jours, ...* begleitet.

> **Vorsicht!** Wird die **genaue Anzahl** der **Wiederholungen** angegeben *(deux/ trois/... fois, plusieurs fois)*, so steht das Verb im *passé composé*.
> *Quand j'étais enfant, je suis allé plusieurs fois à la mer avec mes parents.*

*Quand mon père **était** enfant, il n'y **avait** pas d'ordinateurs, pas de jeux vidéo, pas de portables. Qu'est-ce qu'il **faisait** dans ses temps libres? Tous les après-midi, il **jouait** au foot avec ses copains ou **faisait** du vélo. Le soir, il **lisait** des bandes dessinées. Le dimanche, ses parents et lui **allaient** souvent se promener en forêt. Pauvre papa, la vie **était** vraiment ennuyante dans ce temps-là!*

3.2 Die Opposition *passé composé – imparfait*

Im *passé composé* stehen Verben, die von **Ereignissen berichten**,
- die **neu beginnen**,
- die **chronologisch aufeinander folgen**, also eine **Handlungskette bilden**,
- die die Fragen **Was ist passiert? Wann ist es passiert? Was ist dann passiert?** beantworten,
- die den **Vordergrund (Handlungsgerüst)** einer Erzählung bilden.

Im *imparfait* stehen Verben,
- die die **Umstände** und die **Stimmung** um das Geschehen herum **beschreiben**,
- die **Personen**, deren **Verhalten** und deren **Gefühle** beschreiben,
- die die Fragen **Wie war's? Wie waren sie? Wie fühlten sie sich?** beantworten,
- die den **Hintergrund** einer Erzählung **schildern**.

Hintergrund: *Imparfait*	Vordergrund: *Passé composé*
C'était un bel après-midi. Olivia était au parc et elle lisait un livre. Les oiseaux chantaient, des enfants jouaient.	
	Tout à coup, on a entendu un bruit curieux. Puis, quelqu'un a crié: «Au voleur!» Quelques secondes plus tard, un homme est arrivé dans le parc.
L'homme portait des lunettes de soleil noires et il avait un paquet bizarre sous le bras.	
	L'homme s'est caché derrière un arbre.
Il ne bougeait plus.	*Olivia a aussitôt pris son portable et a appelé la police. Quelques minutes plus tard, les policiers sont arrivés. Ils ont réussi à arrêté le voleur.*
Olivia était fière (stolz). Elle était l'héroïne de la journée.	

Beachte:

Da das *passé composé* das **ganze Geschehen** von Anfang bis Ende zeigt, wird es oft von **temporalen Ausdrücken** begleitet, die entweder dessen **Anfang**, dessen **Ende** oder dessen **ganzen Einmaligkeit** betonen.

- **Anfang**

  tout à coup, alors, ensuite, après, à ce moment-là, à x heures, dès que, aussitôt que, après que

- **ganze Einmaligkeit**

  toute la journée, toute la semaine, pendant x minutes, pendant x heures, durant x jours

- **Ende**

  jusqu'à x heures, jusqu'à ..., enfin, finalement

Da das *imparfait* das Geschehen mitten in **seinem Verlauf** zeigt, wird es oft von **temporalen Ausdrücken** begleitet, die eine **Dauer** ausdrücken, z. B:

- *pendant que, depuis oder déja*

4   Die Opposition *imparfait – passé composé* und deren Entsprechung im Deutschen

Das **deutsche Verbsystem** kennt **keinen verbalen Aspekt**. Deswegen muss man im Deutschen **andere Mittel** einsetzen, um die **unterschiedlichen Sichtweisen** zum Ausdruck zu bringen.

- **Andauerndes Geschehen**

  *Quand je **suis parti**, elle **lisait**.*
  Als ich wegging, **war sie dabei zu lesen**.

- **Plötzlich eintretendes Ereignis**

  *Quand je **suis parti**, elle a lu.*
  Als ich wegging, **fing sie an** zu lesen.

- **Gewohnheit**

  *Quand elle **était** enfant, elle **lisait** beaucoup.*
  Als sie ein Kind war, **pflegte sie** viel zu lesen.

Quand kann sowohl mit dem *imparfait* als auch mit dem *passé composé* stehen. *Quand **j'étais** petite, je chantais tout le temps. Quand je **chantais**, tout le monde m'écoutait. Aber: Quand **j'ai chanté**, elle a ri.*
Quand + *Imparfait* → Als + Zustand
                               → Immer wenn + Ereignis (Gewohnheit)
Quand + *Passé composé* → Als + neu beginnendes Ereignis

Exercice 1 – Mettez les verbes à l'imparfait.

1. je (travailler) _____   2. il (descendre) _____
3. nous (prendre) _____   4. tu (vendre) _____
5. vous (plaire) _____   6. elle (mettre) _____
7. tu (faire) _____   8. ils (écrire) _____
9. je (pouvoir) _____   10. il (aller) _____
11. nous (faire) _____   12. elles (plaire) _____
13. nous (dormir) _____   14. ils (vouloir) _____
15. vous (rire) _____   16. tu (croire) _____
17. elle (être) _____   18. vous (voir) _____
19. ils (savoir) _____   20. je (réfléchir) _____

Exercice 2 – Mettez les verbes à l'imparfait.

1. nous (manger) _____   2. tu (aller) _____
3. ils (nager) _____   4. vous (prendre) _____
5. on (dormir) _____   6. je (s'ennuyer) _____
7. elles (finir) _____   8. il (pouvoir) _____
9. vous (faire) _____   10. nous (être) _____
11. vous (savoir) _____   12. j' (espérer) _____
13. on (venir) _____   14. ils (croire) _____
15. tu (acheter) _____   16. vous (commencer) _____
17. j' (avoir) _____   18. elle (vouloir) _____
19. nous (écrire) _____   20. vous (dites) _____
21. ils (appeler) _____   22. tu (attendre) _____

Exercice 3 – Mettez les verbes à l'imparfait.

Le bon vieux temps ou quand mamie avait 15 ans!

« Grand-mère, dis-moi comment c'(1) _____ (être) quand tu (2) _____
(avoir) mon âge. »

« Oh! La vie (3) _____ (être) beaucoup plus simple alors. Nous n' (4) _____
pas (avoir) tous les gadgets électroniques que vous avez aujourd'hui. Il n'y (5) _____
pas (avoir) d'ordinateurs, pas de DVD, pas de lecteur MP-3, pas de Gameboys. »

« Qu'est-ce que vous (6) _____ (faire) alors? »

« Ah, nous (7) _____ (savoir) nous amuser autrement. On (8) _____
(aller) au cinéma le dimanche après-midi et après, on (9) _____ (manger) une
glace. »

« Est-ce que tu (10) _____ (regarder) la télévision? »

« Non. Les téléviseurs (11) _____ (être) rares à l'époque. Ils (12) _____
(coûter) très cher. Mon père ne (13) _____ (gagner) pas assez d'argent pour en
acheter un. »

« Comment est-ce que tu (14) _____ (passer) tes soirées? Est-ce que vous ne

(15) _____ (s'ennuyer) pas? »

« Pas du tout. Ma soeur et moi nous (16) _____ (aimer) lire. »

« Qu'est-ce que vous (17) _____ (lire)? »

« On (18) _____ (lire) des photos-romans. »

« Quelle musique est-ce que les gens (19) _____ (écouter)? »

« Moi, j' (20) _____ (écouter) Charles Aznavour et Edith Piaf, mais aussi Elvis

Presley et Johnny Halliday. Je (21) _____ (rêver) de devenir une grande chanteuse.

Ma soeur, elle, (22) _____ (vouloir) devenir une star de cinéma. »

« Est-ce que vous (23) _____ (aller) à la discothèque? Non, mais nous

(24) _____ (danse) beaucoup à la maison, dans le salon. Tu vois, on

n' (25) _____ (avoir) pas tout, mais on (26) _____ (s'amuser) quand

même. »

Exercice 4 – Traduisez le début de l'histoire. Utilisez l'imparfait.

1. Die Prinzessin auf der Erbse

Es war einmal – Il était une fois
heiraten – se marier
pausenlos – sans arrêt

einsam – seul/e

eines Abends – un soir

Es war einmal ein Prinz, der wollte gern heiraten. Aber er musste eine echte Prinzessin finden. Er suchte und suchte pausenlos. Es gab viele Prinzessinnen, aber sie gefielen ihm nicht. Und nie war er sicher, ob es wirkliche Prinzessinnen waren. Er fühlte sich traurig und einsam.
Eines Abends ...

La princesse et le petit pois

_____

_____

_____

_____

2. Die Bremer Stadtmusikanten

ein Esel – un âne
ein Hahn – un coq
füttern – nourrir
eine Stimme – une voix
es befindet sich – il y a

Licht brennt – il y a de la lumière
sitzen – être assis
ein Räuber – un voleur

Ein Esel, ein Hund, eine Katze und ein Hahn waren so alt, dass sie niemand mehr haben und füttern wollte. Sie wollten nach Bremen gehen und Musikanten werden, weil sie alle noch eine gute Stimme hatten. In dem Wald, den sie durchquerten, befand sich ein Haus. Es brannte Licht. Räuber saßen an einem Tisch. Sie aßen und tranken. Plötzlich ...

Les musiciens de Brême

_____

_____

_____

_____

_____

_____

3. **Rotkäppchen**

Es war einmal ein kleines Mädchen. Alle nannten es Rotkäppchen, weil es immer ein rotes Käppchen trug. Das war ein Geschenk ihrer Großmutter. Da ihre Großmutter allein im Wald wohnte, besuchte Rotkäppchen sie oft und brachte ihr etwas zu essen. Das Mädchen kannte den Weg sehr gut und wusste, dass es im Wald einen bösen Wolf gab. Eines Tages ...

nennen – appeler
ein Käppchen – un capuchon

jdn. besuchen – rendre visite à qn
böse – méchant/e
ein Wolf – un loup
eines Tages ... – un jour ...

Le petit chaperon rouge

Exercice 5 – Imparfait ou passé composé? Choisissez la bonne forme! (Streiche das falsche Wort aus.)

Toute une surprise!

Samedi dernier, le jour de mon anniversaire, ma tante (1) *m'a invité/m'invitait* à dîner chez elle. Comme mes parents (2) *n'ont pas été/n'étaient pas* là et que je (3) *n'ai pas voulu/ne voulais pas* rester seul à la maison, (4) *j'ai dit/je disais* oui. Il (5) *a fait/faisait* beau alors je (6) *suis allé/j'allais* chez ma tante à vélo. Je (7) *me suis arrêté/je m'arrêtais* chez le fleuriste pour acheter des fleurs. Malheureusement, la boutique (8) *a été/était* fermée. Alors, (9) *j'ai décidé/je décidais* de passer par le supermarché. Là, (10) *j'ai acheté/ j'achetais* une boîte de chocolats. Quand je (11) *suis sorti/sortait* (sortir) du magasin, mon vélo (12) *n'a plus été/n'était plus* là. Je (13) *n'ai plus eu/n'avais plus* d'argent pour prendre l'autobus, c'est pourquoi (14) *j'ai commencé/je commençais* à marcher. Tout à coup, il (15) *s'est mis/se mettait* à pleuvoir. Quand finalement je (16) *suis arrivé/j'arrivais* chez ma tante, mes vêtements et les chocolats (17) *ont été/étaient* tout mouillés. (18) *J'ai sonné/Je sonnais*, mais il n'y (19) *a eu/avait* personne. (20) *J'ai poussé/Je poussais* la porte: elle (21) *a été/était* ouverte. Je (22) *n'ai rien vu/ne voyais rien* et je (23) *n'ai rien entendu/ n'entendais rien*. Je (24) *me suis rendu/me rendais* dans le salon et (25) *j'ai crié/je criais*: «Il y a quelqu'un?» Soudain, toutes les lumières (26) *se sont allumées/s'allumaient* et (27) *j'ai entendu/j'entendais*: «Joyeux anniversaire !» Ils (28) *ont été/étaient* tous là: mes parents, ma tante, mon oncle, mon cousin et mes amis. Nous (29) *avons passé/passions* une belle soirée. (30) *J'ai reçu/recevais* des cadeaux super: un pull, un jean et un nouveau ... vélo!

s'allumer – angehen

Exercice 6 – Traduisez les phrases suivantes.

Vacances à la mer

1. Als ich jung war, fuhren wir oft ans Meer.

2. Wir waren dreimal auf Korsika, zweimal in Biarritz und viermal in der Bretagne.

3. Ich war sechs, als ich das Meer zum ersten Mal sah.

begeistert – émerveillé

4. Ich war begeistert aber ich hatte auch Angst vor den Wellen.

seine Zeit mit etw. verbringen
   – passer son temps
     à faire qch
etw. bauen
   – construire qch
     (pp.: construit)
eine Sandburg
   – un château de sable
une écrevisse – ein (Fluss)krebs

5. Ich verbrachte meine Tage mit Sandburgen bauen.

6. Mein Bruder und mein Vater versuchten jeden Tag Krebse zu fangen.

etw. nach Hause zurückbringen
   – rapporter qch à la maison

7. Immer wenn sie Krebse nach Hause zurückbrachten, mussten meine Mutter und ich sie waschen.

8. Ich wollte sie nie essen.

ein Zahnstocher – un cure-dent

9. Einmal in der Bretagne regnete es fünf Tage lang. Da wir nicht zum Strand gehen konnten, bauten wir ein riesiges Schloss mit Zahnstochern! Wir hatten immer viel Spaß.

beschließen, etw. zu tun
   – décider de faire qch
Urlaub machen
   – être en vacances

10. Als ich 18 wurde, machte ich zum ersten Mal allein Urlaub. Meine Freunde und ich beschlossen ans Meer zu fahren!

Exercice 7 – Imparfait ou passé composé? Choisissez la bonne forme!

Cendrillon (Aschenputtel)

Un homme veuf (1) _____ (vivre) heureux avec sa fille. Après quelques années,

il (2) _____ (se remarier) avec une mauvaise femme qui (3) _____

(avoir) déjà deux filles, méchantes et laides. La nouvelle femme (4) _____

(forcer) sa belle-fille à faire les pires travaux: elle (5) _____ (devoir) laver les

planchers, faire les lits et s'occuper du linge. La jeune fille (6) _____ (dormir)

au grenier sur un vieux matelas. Comme elle (7) _____ (se réchauffer)

près des cendres, ses demi-sœurs (8) l'_____ (appeler) Cendrillon. Un

jour, le fils du roi (9) _____ (décider) de donner un bal. Il (10) _____

(vouloir) se marier et voir à sa cour toutes les filles du pays. Cendrillon (11) _____

(être) triste, car elle ne (12) _____ (pouvoir) pas aller au bal avec ses demi-

sœurs. Elle (13) _____ (commencer) à pleurer. Tout à coup, elle

(14) _____ (apercevoir) une fée. D'abord, la fée (15) _____

(transformer) une citrouille en carrosse. Ensuite, elle (16) _____ (prendre) des

souris pour en faire des chevaux. Puis, elle (17) _____ (changer) un rat en

cocher. Cendrillon n'en (18) _____ (croire) pas ses yeux. Finalement, d'un

dernier coup de baguette magique, la fée (19) _____ (habiller) Cendrillon

d'une robe superbe. La jeune fille (20) _____ (resplendir). Tout

(21) _____ (être) prêt. Alors, Cendrillon (22) _____ (monter)

dans son carrosse et (23) _____ (se rendre) au bal. Quand elle

(24) _____ (arriver) au château, le prince l' (25) _____

(inviter) aussitôt à danser. Ils (26) _____ (danser) ensemble toute

la soirée. Tous les invités les (27) _____ (regarder) danser. Mais,

lorsqu' elle (28) _____ (entendre) l'horloge sonner minuit, Cendrillon

(29) _____ (partir) en courant . Mais en montant dans son carrosse, elle

(30) _____ (perdre) sa pantoufle de verre ...

veuf/ve – verwitwet
se (re)marier – (wieder)heiraten
laid/e – häßlich

forcer qn à faire qch
   – jdm dazu zwingen,
     etw. zu tun
la belle-fille
   – die Schwiegertochter
un plancher – ein Boden
le linge – die Wäsche
un grenier – ein Dachboden

se réchauffer – sich aufwärmen
la cendre – die Asche

une cour – ein Hof

apercevoir qch – etw. bemerken

transformer qch
   – etw. verwandeln
une citrouille – ein Kürbis
un carrosse – eine Kutsche

un cocher – ein Kutscher

une baguette magique
   – ein Zauberstab
resplendir – strahlen

se rendre quelque part
   – irgendwohin gehen

une pantoufle de verre
   – ein Pantoffel aus
    Glas

Exercice 8 – Faites des phrases.

Mettez les verbes à l'imparfait ou au passé composé et insérez
l'expression de temps entre parenthèses.

Exemple:

elle – arriver + Pierre – dormir (quand)
Quand elle est arrivée, Pierre dormait.

1.   mon père – être jeune + il – faire du judo (quand)

   _____

2.   les élèves – écrire la dictée + la directrice – entrer dans la classe (pendant que)

   _____

   _____

3   pendant les vacances – aller – je – au cinéma (trois fois)

   _____

4.   le train – rouler + l'accident – se passer (depuis une heure + quand)

   _____

5. les policiers – arrêter le terroriste + il – descendre de l'avion (dès que)

6. nous – attendre – chez le médecin (pendant deux heures)

7. elle – manger + elle – finir ses devoirs (puis – d'abord)

8. ma petite sœur – savoir lire + elle commencer l'école (déja – quand)

9. je – lire (jusqu'à deux heures du matin)

Exercice 9 – Traduisez les phrases suivantes

Petite histoire du foot.

ein Jahrhundert – un siècle
einen Ball mit dem Fuß schießen
    – botter un ballon
eine Feder – une plume
gefüllt mit – rempli(e) de
ein Netz – un filet
eine Öffnung – une ouverture
eine Leistung – un exploit
kreisförmig – circulaire

1. Vor Tausenden von Jahren spielte man schon Ball mit den Füßen. Im China des zweiten Jahrhunderts musste man zum Beispiel einen mit Federn und Haaren gefüllten Ball aus Leder mit dem Fuß in ein kleines Netz schießen. Da das Netz eine Öffnung von etwa 30 – 40 cm hatte, war das eine große Leistung. Ungefähr 500 Jahre später spielte man in Japan „kemari", eine Art kreisförmigen Fußball, der heute noch existiert.

sich entwickeln – se développer
sowie – ainsi que
jedoch – cependant
ein Spieler – un joueur
damals – à cette époque-là
begrenzt – limité

2. Das Fußballspiel, das wir heute kennen, sowie Rugby haben sich jedoch zwischen dem 12. und dem 19. Jahrhundert auf den britischen Inseln entwickelt. Es gab damals weniger Regeln und die Zahl der Spieler war nicht begrenzt.

3. Die moderne Geschichte des Fußballs begann jedoch 1863, als sich Fußball und Rugby trennten. Man gründete dann in England den ältesten Fußballbund der Welt, die Football Association. 1871, das heißt acht Jahre nach seiner Gründung, bestand der englische Fußballbund aus 50 Vereinen.

sich trennen – se séparer
etw. gründen – fonder qch
ein Bund – une fédération
eine Gründung – une fondation
bestehen aus – comprendre qch
ein Verein – un club

4. Fußball verbreitete sich in der restlichen Welt dank des britischen Einflusses. In den ersten Jahren waren die Fortschritte langsam, aber nach einer gewissen Zeit wurden sie immer schneller. Als man 1904 in Paris die FIFA gründete, waren sieben Länder anwesend: Frankreich, Belgien, Dänemark, die Niederlanden, Spanien, Schweden und die Schweiz. Der deutsche Fußballbund erklärte per Telegramm am selben Tag seinen Beitritt. Die erste WM fand 1930 statt. Heute sind 146 nationale Fußballverbände Mitglieder der FIFA.

sich verbreiten – se répandre
ein Einfluss – une influence
ein Fortschritt – un progrès
anwesend sein – être présent
etw. erklären – déclarer qch
ein Beitritt – une adhésion
stattfinden – avoir lieu
Mitglied von etw. sein
    – être membre de qch
eine WM
    – une coupe du monde/
    un mondial

PLUSQUAMPERFEKT UND PASSÉ SIMPLE
Le plus-que-parfait et le passé simple

1   Le plus-que-parfait

1.2 Bildung

Das *plus-que-parfait* ist, wie das *passé composé*, eine zusammengesetzte Form.
Es besteht aus einer Form des *verbe auxiliaire* (Hilfsverb) *avoir* oder *être* im *imparfait*
und aus einem *participe passé* (Partizip).

	sujet	+	avoir/être im *imparfait*	+	participe passé	
Le jour d'avant,	j'	+	**avais**	+	**rencontré**	Pierre.
	tu	+	**avais**	+	**dormi**	jusqu'à midi.
	il/elle	+	**avait**	+	**joué**	au tennis.
	nous	+	**avions**	+	**travaillé**	toute la journée.
	vous	+	**aviez**	+	**eu**	un accident.
	ils/elles	+	**avaient**	+	**regardé**	un film à la télé.
Le jour d'avant,	j'	+	**étais**	+	**sorti(e)**	avec mes amis.
	tu	+	**étais**	+	**allé(e)**	au cinéma.
	il/elle	+	**était**	+	**rentré(e)**	de Montréal.
	nous	+	**étions**	+	**arrivé(e)s**	en retard.
	vous	+	**étiez**	+	**resté(e)s**	à la maison.
	ils/ elles	+	**étaient**	+	**parti(e)s**	en vacances.

> Was die Wahl des **Hilfsverbs** und die **Angleichung** des **Partizips** betrifft, gelten für das *plus-que-parfait* die selben Regeln **wie** für das *passé composé* (→ Seite 24).

1.2 Bedeutung und Gebrauch

Das *plus-que-parfait* drückt eine **in der Vergangenheit abgeschlossene Handlung**
aus.
Man verwendet das *Plus-que-parfait*, wenn diese abgeschlossene Handlung
vor einem anderen Geschehen *(Passé composé)* oder **Zustand** *(Imparfait)* der
Vergangenheit stattgefunden hat.
Das *plus-que-parfait* drückt also eine **Vorzeitigkeit in der Vergangenheit** aus.

*Quand je suis arrivé au cinéma, le film **avait** déjà **commencé**.*
*Ce jour-là, Héloïse était bouleversée. La veille, son père **avait eu** un grave accident.*

> Das *Plus-que-parfait* wird oft von **Zeitangaben** begleitet, die eine **Vorzeitigkeit** anzeigen, wie z. B.: *déjà, depuis, un jour, avant, la veille, la semaine précédente/d'avant, und heure plus tôt, …*

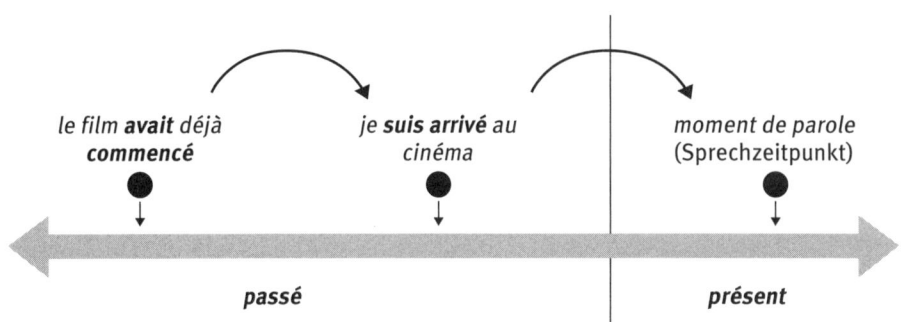

le film **avait** déjà **commencé**   je **suis arrivé** au cinéma   moment de parole (Sprechzeitpunkt)

passé   présent

2 Le passé simple

2.1 Bedeutung und Gebrauch

Wir kennen bereits die **Opposition** zwischen dem *passé composé* und dem *imparfait,*
die zwei unterschiedliche Sichtweisen des Vergangenen ausdrücken. In der **geschriebenen Sprache**, und
ganz speziell in der **Literatur**, wird ein weiteres Tempus verwendet, um ein abgeschlossenes Geschehen der
Vergangenheit darzustellen: das *Passé simple*. Es wird also **anstelle** des *passé composé* benutzt,
um **Ereignisse**, die zur **Handlungskette** gehören, in den **Vordergrund** zu stellen.
Es unterscheidet sich dadurch, ebenso **wie das *passé composé***, vom *imparfait*.
Das *passé simple* wird **vor allem** in der **3. Person Singular** und **Plural verwendet**.

Il était une fois une femme qui avait un fils nommé Aladin. Ils étaient très pauvres et vivaient dans la misère. Un jour qu'Aladin cherchait des dattes sauvages (wilde Datteln), il rencontra un homme mystérieux aux yeux sombres (dunkel). Celui-ci lui fit une étrange (seltsam, komisch) proposition (Vorschlag). «Aimerais-tu gagner une roupie (ein Rupie; indische und pakistanische Währung)?» «Une roupie? Je ferais n'importe quoi, monsieur pour une telle récompense (Belohnung)!» «Tu dois seulement descendre par cette trappe (Klappe) qui est trop étroite pour moi!» dit l'étranger. Le garçon passa sans difficulté par la petite ouverture. Ses pieds trouvèrent un escalier étroit. Aladin descendit lentement.

2.2 Bildung

Man erkennt das *passé simple* an den folgenden **Endungen**:

- **Regelmäßige Verben**:
  Verben auf **-er**: -ai, -as, -a, -âmes, -âtes, -èrent
  Verben auf **-ir** (type finir und dormir) und auf **-dre**: -is, -is, -it, -îmes, -îtes, -irent

	chanter	*finir*	*attendre*
je	*chantai*	*finis*	*attendis*
tu	*chantas*	*finis*	*attendis*
il/elle/on	*chanta*	*finit*	*attendit*
nous	*chantâmes*	*finîmes*	*attendîmes*
vous	*chantâtes*	*finîtes*	*attendîtes*
ils/elles	*chantèrent*	*finirent*	*attendirent*

- **UnregelmäßigeVerben**:
  entweder: **-us, -us, -ut, -ûmes, -ûtes, -urent**
  oder: **-is, -is, -it, -îmes, -îtes, -irent**

Tipp!

- Hat das unregelmäßige **Verb** ein Partizip auf **-u**, so wird das *passé simple* in der Regel mit **-ut/urent** gebildet,
  indem man diese Endungen an das **Partizip** hängt, das als **Stamm** dient,

  z. B.: apercevoir → **aperçu** → il **aperçut/ils aperçurent**

- Hat das unregelmäßige **Verb** ein Partizip auf **–i(s/t)**, so wird das *passé simple* in der Regel mit **-it/irent**
  gebildet, indem man diese Endungen an das **Partizip** (ohne -s oder -t) hängt, das als **Stamm** dient,

  z. B: mettre: **mis** → **il mit/ils mirent** – dire: **dit** → **elle dit/elles dirent**

Wichtig! Wie immer gibt es einige **Sonderformen**:

	avoir	*être*	*aller*	*venir*	*devoir*	*écrire*	*faire*	*voir*
il/elle/on	*eut*	*fut*	*alla*	*vint*	*dut*	*écrivit*	*fit*	*vit*
ils/elles	*eurent*	*furent*	*allèrent*	*vinrent*	*durent*	*écrivirent*	*firent*	*virent*

Um literarische Texte zu verstehen, genügt es, die Endungen des *passé simple* zu erkennen, vor allem die der
3. Person Singular (-a, -it, -ut) und des Plural (-èrent, -irent, -urent).

Exercice 1 – Complétez les phrases. Mettez les verbes au plus-que-parfait.

1. Quand Olivier est arrivé, Mathilde (partir) ＿＿＿＿＿＿＿ depuis une heure.

2. La police était devant la banque. Une demi-heure plus tôt, elle
   (arrêter) ＿＿＿＿＿＿＿ deux suspects.

3. Nous ne sommes pas allés à la Tour Eiffel l'été dernier parce que nous (la
   visiter) ＿＿＿＿＿＿＿ l'année d'avant.

4. Il ne restait plus rien à manger. Les enfants (dévorer) ＿＿＿＿＿＿＿
   le buffet avant l'arrivée des invités.

épuisé(e) – erschöpft

5. Clara et Véronique étaient épuisées. Elles (rentrer) ＿＿＿＿＿＿＿
   de New York la veille.

6. As-tu acheté les chaussures que tu (voir) ＿＿＿＿＿＿＿ la semaine dernière?

7. Je (te dire) ＿＿＿＿＿＿＿ avant de partir qu'il faisait déjà froid en Bretagne.

8. Mon père (ne pas finir) ＿＿＿＿＿＿＿ ses études quand mes parents se
   sont mariés.

9. Est-ce que vous (apprendre) ＿＿＿＿＿＿＿ l'italien avant d'être parti pour
   l'Italie?

10. Elle ne voulait rien boire ni mangé parce qu'elle (déjeuner) ＿＿＿＿＿＿＿
    une heure plus tôt.

11. Les élèves (ne finir) ＿＿＿＿＿＿＿ encore ＿＿＿＿＿ la traduction
    quand le prof a ramassé les copies.

12. Ma mère est rentrée tard du bureau hier soir. Heureusement, mon père
    (préparer) ＿＿＿＿＿ déjà ＿＿＿＿＿ le dîner.

13. Comme je (ne pas étudier) ＿＿＿＿＿＿＿ assez ＿＿＿＿＿, je n'ai
    pas réussi le bac l'année dernière.

14. Sophie et Laurent étaient épuisés parce qu'ils (se lever) ＿＿＿＿＿＿＿
    à cinq heures ce matin-là.

15. L'été dernier, il nous a montré la maison qu'il (rénover) ＿＿＿＿＿＿＿
    l'été précédent.

Exercice 2 – Faites des phrases avec l'imparfait,
le passé composé et le plus-que-parfait.

éteindre – löschen
pp.: éteint

1. les pompiers/arriver/les journalistes/quand/éteindre/le feu/déjà

   ＿＿＿＿＿＿＿＿＿＿＿＿＿＿＿＿＿＿＿＿＿＿＿＿＿＿＿

   ＿＿＿＿＿＿＿＿＿＿＿＿＿＿＿＿＿＿＿＿＿＿＿＿＿＿＿

casser qch – etw. (zer)brechen
furieux/se – wütend

2. casser/les enfants/furieux/parce que/être/la fenêtre/M. Anselin

   ＿＿＿＿＿＿＿＿＿＿＿＿＿＿＿＿＿＿＿＿＿＿＿＿＿＿＿

   ＿＿＿＿＿＿＿＿＿＿＿＿＿＿＿＿＿＿＿＿＿＿＿＿＿＿＿

3. finir/mes devoirs/ne pas/comme/je/pouvoir/au cinéma/aller/ne pas/je

   ＿＿＿＿＿＿＿＿＿＿＿＿＿＿＿＿＿＿＿＿＿＿＿＿＿＿＿

   ＿＿＿＿＿＿＿＿＿＿＿＿＿＿＿＿＿＿＿＿＿＿＿＿＿＿＿

4. arriver/nous/quand/manger/déjà/les autres /commencer à

   ＿＿＿＿＿＿＿＿＿＿＿＿＿＿＿＿＿＿＿＿＿＿＿＿＿＿＿

   ＿＿＿＿＿＿＿＿＿＿＿＿＿＿＿＿＿＿＿＿＿＿＿＿＿＿＿

5. venir/avec nous/elle/ne pas/au cinéma/voir/le film/elle/déjà/parce que

6. trempés/parce que/leurs parapluies/être/ils/oublier/ils

trempé – durchnässt
un parapluie – ein Regenschirm

7. les clés/je/hier/retrouver/la semaine dernière/perdre/que/je

une clé – ein Schlüssel

8. sa petite sœur/il/frapper/comme/son père/gronder/le

frapper qn – jdn. schlagen
gronder qn – jdn. ausschimpfen

9. le prof/remarquer/les élèves/ne pas/ tricher/que/au dernier examen

remarquer qch – etw. bemerken
tricher – schummeln

10. naître/ne pas/ma grand-mère/on/la télévision/inventer/quand/encore

inventer qch – etw. erfinden

Exercice 3 – Traduisez les phrases suivantes. Utilisez le passé composé, l'imparfait et le plus-que-parfait.

Une mésaventure n'attend pas l'autre. *Ein Unglück kommt selten allein.*

1. Letzten Sommer haben wir Urlaub in Griechenland gemacht. Wir hatten einen sehr guten Bericht im Fernsehen gesehen und hatten sofort beschlossen, dorthin zu fliegen.

ein Bericht – un reportage
im Fernsehen – à la télé
beschließen etw. zu tun
   – décider de faire qch

2. Da wir noch nie in Griechenland gewesen waren, sind wir in ein Reisebüro gegangen.

ein Reisebüro – une agence de voyage

3. Wir hatten unsere Reise gut vorbereitet, aber wir hatten leider etwas Pech.

Pech haben
   – avoir de la malchance

4. Als wir am Flughafen ankamen, war unser Flugzeug schon abgeflogen. Deshalb mussten wir einen Tag warten.

abfliegen – décoller
   (Passé composé mit avoir)
deshalb – c'est pourquoi

5. Als wir endlich in Athen angekommen sind, waren unsere Koffer nicht da. Man hatte unser Gepäck in Deutschland vergessen.

Athen – Athènes
ein Koffer – une valise
das Gepäck – les bagages

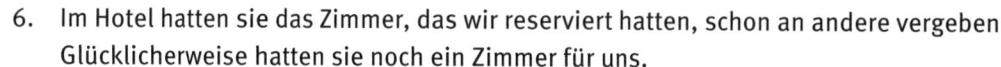

6. Im Hotel hatten sie das Zimmer, das wir reserviert hatten, schon an andere vergeben. Glücklicherweise hatten sie noch ein Zimmer für uns.

fast – presque

7. Wir waren müde. Wir hatten seit fast zwei Tagen nicht geschlafen.

etw. genießen – profiter de qch
sich etw. vorstellen
– s'imaginer qch

8. Am Ende des Nachmittags ist unser Gepäck angekommen. Endlich konnten wir unseren Urlaub genießen, wie wir es uns vorgestellt hatten.

Exercice 4 – Choisissez la bonne forme (streiche das falsche Wort aus): imparfait ou passé simple.

Le prince crapaud (Der Froschkönig)

Il était une fois une princesse qui (1) *vivait/vécut* auprès de son père, un roi juste et bon. La princesse (2) *s'ennuyait/s'ennuya* un peu et son père, pour la distraire, lui (3) *offrait/offrit* une balle tout en or. Un jour qu'elle (4) *jouait/joua* avec sa balle dans le parc du château, celle-ci (5) *tombait/tomba* dans un étang. La princesse (6) *s'approchait/s'approcha* de l'eau pour récupérer sa balle, mais l'étang (7) *était/fut* si profond qu'elle ne (8) *pouvait/put* trop se pencher au risque de tomber dans l'eau. C'est alors qu'un crapaud assez laid (9) *s'avançait/s'avança* vers elle et lui (10) *disait/dit*: « Je la retrouverai, mais à condition que vous juriez de m'aimer. » Sans réfléchir, la princesse (11) *acceptait/accepta*. Mais quand le crapaud lui (12) *rendait/rendit* sa balle, elle lui (13) *disait/dit* d'un ton moqueur qu'elle *voulait/voulut* bien l'embrasser, mais que jamais elle ne se marierait avec lui, car il (14) *était/fut* trop laid et qu'il lui (15) *faisait/fit* peur. À peine avait-elle embrassé le crapaud qu'il (16) *se transformait/se transforma* en un magnifique prince. La princesse (17) *tombait/tomba* dans les bras du prince et, comme dans tous les contes de fées, ils (18) *se mariaient/marièrent* (19), *vivaient/vécurent* heureux et (20) *avaient/eurent* beaucoup d'enfants.

distraire qn
– jdn. ablenken, unterhalten

s'approcher de qch/qn
– sich jdm./einer Sache nähern
un étang – ein Teich

laid/e – hässlich

moqueur/se – spöttisch

Exercice 5 – Complétez le texte avec les verbes ci-dessous.

La métamorphose (Die Verwandlung), de Franz Kafka

levait – bougeaient – essaya – vit – regarda – voyait – était changé – entendait – rendit
était – pensa – pouvait – s'éveilla – dormait – était

Un matin, quand Gregor Samsa (1) _____ après de mauvais rêves, il
(2) _____ qu'il (3) _____ en un monstrueux insecte. Il (4) _____
sur le dos et quand il (5) _____ un peu la tête, il (6) _____ son gros
ventre brun. Ses nombreuses pattes (7) _____ désespérément devant
ses yeux. Gregor (8) _____ alors vers la fenêtre et le mauvais temps – on
(9) _____ les gouttes de pluie frapper la fenêtre – le (10) _____ tout
mélancolique. « Et si je continuais un peu à dormir et oubliais toutes ces bêtises »,
(11) _____ -t-il, mais cela (12) _____ tout à fait impossible, car il
(13) _____ toujours sur le côté droit et il (14)ne _____ pas, dans
son état actuel, se mettre dans cette position. Il (15) _____ une centaine
de fois ...

lever – heben
rendre – hier jdn. ... machen
s'éveiller – aufwachen

un rêve – ein Traum

le dos – der Rücken

le ventre – der Bauch
une patte – ein Fuß (bei Tieren)
désespérément – verzweifelt

une goutte – ein Tropfen

une bêtise – ein Blödsinn

FUTUR I UND FUTUR II
Le futur simple et le futur antérieur

1. Das *futur simple*

1.1 Bildung

Um ein Ereignis **in der Zukunft** auszudrücken, gibt es außer dem *futur composé* (Seite 24) eine weitere Zeitform, das *futur simple*. Die **Endungen** des *Futur* lauten: *-rai, -ras, -ra, -rons, -rez, -ront*

Bei **Verben** auf *-er* hängt man diese **Endungen** an die **1. Person Singular Präsens**:
j'achète → j'achèterai, nous achèterons

Bei **Verben** auf *-ir* (**auch** bei **unregelmäßigen**) nimmt man den **Infinitiv, ohne** *-r* **+ Futurendungen**:
fini → je finirai, nous finirons

Bei **Verben** auf *-re* (**auch** bei **unregelmäßigen**) nimmt man den **Infinitiv, ohne** *-re* **+** Futurendungen:
attend → j'attendrai, nous attendrons

> Bei den Verben auf **-er** vom Typ *espérer* gibt es neben der Form *espèrerai*, die Form *espérerai*. Bei den Verben auf **-er** vom Typ *payer* gibt es neben der Form *paierai*, die Form *payerai*.

	pass**er**	part**ir**	prend**re**
	Dans un an,	*L'été prochain,*	*Au mois de mai,*
je	*passe**rai***	*parti**rai***	*prend**rai***
tu	*passe**ras***	*parti**ras***	*prend**ras***
elle	*passe**ra***	*parti**ra***	*prend**ra***
nous	*passe**rons***	*parti**rons***	*prend**rons***
vous	*passe**rez***	*parti**rez***	*prend**rez***
ils	*passe**ront***	*parti**ront***	*prend**ront***
	le bac.	*pour l'Australie.*	*l'avion pour Londres.*

Sonderformen:

être → je **serai**
recevoir → je **recevrai**
*envoyer → j'***enverrai**
pouvoir → je **pourrai**
voir → je **verrai**

*avoir → j'***aurai**
courir → je **courrai**
faire → je **ferai**
savoir → je **saurai**
pleuvoir (regnen) → il **pleuvra**

*aller → j'***irai**
devoir → je **devrai**
vouloir → je **voudrai**
venir → je **viendrai**

> Die **Futurformen** von *envoyer, pouvoir, voir* und *courir* sind durch das **verdoppelte** *r* gekennzeichnet.
> Die **Futurformen** von *vouloir* und *venir* sind durch ein **eingeschobenes** *d* gekennzeichnet.

1.2 Bedeutung und Gebrauch

Das *futur simple* drückt ein **Ereignis** aus, das in der **Zukunft** liegt. Es wird sowohl in der **gesprochenen** als in der **geschriebenen Sprache** verwendet. Das *futur composé* (*aller* + Infinitiv) wird allerdings in der **Umgangsprache öfters** benutzt, vor allem, wenn das **Geschehen** in der **nahen Zukunft** liegt und/oder eine **feste Absicht** ist.
In der **geschriebenen Sprache überwiegt** das *futur simple*.

Quand je **serai** *grande, je* **serai** *architecte.*
Wenn ich groß bin, werde ich Architektin.

Dans deux ans, mon grand-père **prendra** *sa retraite.*
In zwei Jahren geht mein Opa in Rente.

Demain, nous **allons déjeuner** *chez ma tante.*
Morgen essen wir zu Mittag bei meiner Tante.

> Im Französischen kann man, wie im Deutschen, das *présent* verwenden, um etwas auszudrücken, das in der **Zukunft** liegt. Dieser Gebrauch beschränkt sich allerdings auf wenige Fälle. Es handelt sich um **Geschehen**, die sich **mit Sicherheit** ereignen werden oder die eine **feste Absicht** darstellen:
> *Le train part à trois heures.*
> *Je vais au théâtre ce soir.*

2. Das *futur antérieur*

2.1 Bildung

Es gibt eine weitere Zukunftsform, das *futur antérieur (Futur II)*.
Das *futur antérieur* (Futur II) ist eine **zusammengesetzte Verbform**, die aus einem **Hilfsverb**
im *futur simple* (Futur I) und einem **Partizip** besteht.

Sujet +	avoir/être im *futur simple*	+ *participe passé*
j'	aurai	mangé
tu	auras	terminé
elle	aura	fini
nous	serons	parti(e)s
vous	serez	arrivé(e)s
ils/elles	seront	rentré(e)s

2.2 Bedeutung und Gebrauch

Das *futur antérieur* drückt aus, dass ein zukünftiges Geschehen
abgeschlossen sein wird/muss, bevor ein anderes Geschehen, das
auch in der Zukunft liegt, stattfinden wird/kann.

Im **Deutschen** wird diese **in der Zukunft liegende Vorzeitigkeit** meistens **durch** das **Präsens** oder das **Perfekt** ausgedrückt:
Wenn ich fertig bin …
… wenn du abgespült hast.

Quand j'aurai fini mes devoirs, nous irons à la piscine.
Wenn ich mit den Hausaufgaben fertig bin, werden wir schwimmen gehen.
Tu pourras regarder la télévision quand tu auras fait la vaisselle.

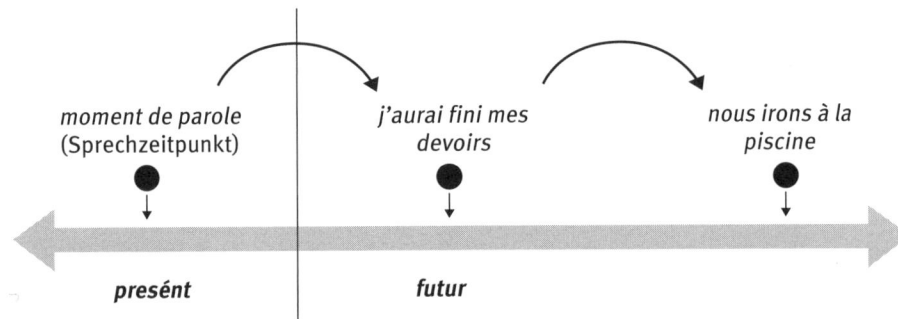

moment de parole
(Sprechzeitpunkt)

j'aurai fini mes
devoirs

nous irons à la
piscine

presént   futur

Exercice 1 – Conjuguez les verbes au futur simple.

1. je (parler)
2. il (dire)
3. nous (nettoyer)
4. tu (croire)
5. vous (mettre)
6. elle (peser)
7. tu (réfléchir)
8. ils (payer)
9. je (s'ennuyer)
10. il (acheter)
11. nous (répondre)
12. elles (se lever)
13. nous (croire)
14. ils (mettre)
15. vous (sortir)
16. tu (lire)
17. elle (espérer)
18. vous (rire)
19. ils (prendre)
20. je (finir)

nettoyer – sauber machen
peser – wiegen

Exercice 2 – Dites ce qu'il feront quand ils seront grands. Utilisez le futur simple.

Exemple: je – aller sur la lune
Quand je serai grand, j'irai sur la lune.

1. Marie – chanter l'opéra

2. nous – faire le tour du monde

3. tu – être une actrice célèbre

4. je – avoir une Ferrari

5. ils – partir pour l'Australie

6. vous – devoir travailler

7. nous – les Martiens venir nous rendre visite

un Martien/ne
– ein/e Marsbewohner/in

8. elle – courir des marathons

9. tu – faire de la musique

10. Valérie – être Présidente de la République

11. nous – ne plus neiger l'hiver

12. je – savoir piloter un avion

13. elles – voir la planète Mars

14. tu – ne pas vouloir rester ici

15. il – devenir médecin et pouvoir guérir le SIDA

guérir – heilen
le SIDA – AIDS

16. nous – on envoyer des hommes sur Jupiter

17. ma sœur – recevoir le prix Nobel de la paix

18. mes enfants – ne plus avoir des frontières

19. je – aller à l'université et faire des études de droit

20. vous – devoir parler l'anglais et une autre langue étrangère.

Exercice 3 – Mettez les verbes au futur simple.

Les temps modernes

- Dis-moi, François, comment (1) _____ (être) la vie en 2050? Comment
  (2) _____ (vivre) les gens? Est-ce que tu crois que nous (3) _____
  (pouvoir) habiter sur la lune? (4) _____ (avoir) -t-on encore des voitures?
  Est-ce que nous (5) _____ (lire) toujours des livres?

- Je ne sais pas exactement, mais je pense que beaucoup de choses (6) _____
  (être) différentes. Il y (7) _____ (avoir) d'importants changements
  climatiques. Il (8) _____ (faire) de plus en plus chaud. Comme il
  (9) _____ (pleuvoir) et qu'il (10) _____ (neiger) de moins en
  moins, nous (11) _____ (devoir) utiliser plus sagement notre eau. L'eau
  (12 _____ (devenir) une ressource naturelle plus importante que le
  pétrole. Dans les pays pauvres, on (13) _____ (connaître) de graves
  épidémies et de plus en plus de gens (14) _____ (mourir) de soif. Dans
  les pays riches, par contre, les gens (15) _____ (avoir) la vie plus facile parce
  que les nouvelles technologies nous (16) _____ (permettre) de faire
  plus de choses en même temps et plus rapidement.

- Nous (17) _____ (être) donc plus heureux.

- Mais pas du tout! En 2050, on (18) _____ (courir) sans arrêt du

  matin au soir. Comme les gens (19) _____ (vouloir) toujours tout

se détendre – sich entspannen

  faire, ils ne (20) _____ (savoir) plus comment se détendre. Nous

  (21) _____ (travailler) moins, mais nous n'(22) _____

  (avoir) pas plus de temps libres, car nous ne (23) _____ (prendre) pas le

  temps de nous arrêter.

Exercice 4 – Traduisez les phrases suivantes.

Chez Mme Rose, la diseuse de bonne aventure – Bei Madame Rose, der Wahrsagerin

1. Sagen Sie mir, Frau Rose, werde ich Karriere machen?

    _____

2. Sie werden eine berühmte Journalistin. Man wird Sie in die ganze Welt schicken. Sie
    werden vieles sehen. Ihre Reportagen werden viele Auszeichnungen bekommen.

vieles – beaucoup de choses
eine Auszeichnung bekommen
– recevoir und prix

    _____

    _____

    _____

3. Sagen Sie mir, Frau Rose, werde ich bald den Mann meiner Träume kennenlernen?

kennenlernen
– faire la connaissance de

    _____

    _____

4. Ja, Sie werden ihn bald treffen.

    _____

5. Wird er reich sein? Wird er groß sein? Wird er blonde Haare und blaue Auge haben?

    _____

    _____

groß sein – mesurer
ein Klempner – un plombier

6. Er wird 1,50 Meter groß sein. Seine Haare werden grau und seine Augen braun sein. Er
    wird ... Klempner sein!

    _____

    _____

Exercice 5 – Répondez aux questions.

Mettez les verbes au futur simple (Futur I) et au futur antérieur (Futur II)

Beispiel:

Maman, je peux aller au cinéma? (tu/finir tes devoirs)

Tu iras au cinéma, quand tu auras fini tes devoirs.

Plus tard, toujours plus tard!

1. Maman, pouvons-nous prendre un dessert? (vous/finir votre assiette)

   une assiette – ein Teller
   finir son assiette – aufessen

2. Maman, est-ce qu'on peut acheter de la glace au chocolat?
   (on/manger la glace à la vanille)

3. Maman, est-ce que nous pouvons sortir? (vous/faire la vaisselle)

4. Maman, est-ce que mes amis peuvent venir écouter de la musique?
   (tu/ranger ta chambre)

5. Maman, est-ce que je peux faire de la moto? (tu/avoir ton permis)

6. Maman, est-ce que Noémie et moi pouvons regarder la télé?
   (vous/apprendre vos leçons)

7. Maman, est-ce que je peux me lever de table? (les autres/terminer leur dessert)

   se lever de table
   – vom Tisch aufstehen

8. Madame, est-ce que nous pouvons quitter la classe? (la cloche/sonner)

9. Madame, est-ce que vous pouvez répéter la question? (vous/finir de parler)

10. Madame, pouvez-vous donner la réponse à la question 3?
    (tous les élèves/remettre leur copie)

11. Madame, est-ce que je peux savoir si j'ai réussi l'examen? (je/corriger toutes les copies)

12. Madame, pouvons-nous faire une pause? (vous/répondre à toutes les questions)

Exercice 6 – Traduisez le texte suivant.

Utilisez le futur simple (Futur I) et le futur antérieur (Futur II).

On peut toujours rêver!

Elisabeth, Vincent et Benjamin rêvent de ce qu'ils seront et feront dans vingt ans.

1. Benjamin: „Was werdet ihr in zwanzig Jahren machen?"

sein Studium abschließen
    – terminer ses études
ein/e Anwalt/in – un/e avocat/e
erfolgreich sein
    – avoir du succès
Geld verdienen
    – gagner de l'argent

2. Elisabeth: „In zwanzig Jahren werde ich mein Studium seit langem abgeschlossen haben, als Anwältin arbeiten und bestimmt sehr erfolgreich sein. Ich werde viel Geld verdienen. Mein Mann, unsere Kinder und ich werden in einer Villa wohnen, die wir an der Côte d'Azur gekauft haben. Und du Vincent?"

ein/e Schriftsteller/in
    – un écrivain

Schlange stehen
    – faire la queue
stundenlang
    – pendant des heures
ein Autogramm – un autographe

3. Vincent: „In zwanzig Jahren werde ich Schriftsteller sein. Die Bücher, die ich geschrieben habe, werden Bestseller und man wird sie in mehreren Sprachen übersetzen haben. Wer weiß, vielleicht werde ich sogar schon den Nobelpreis für Literatur bekommen haben! Die Leute werden stundenlang Schlange stehen, um mein Autogramm zu bekommen."

der jüngste – le plus jeune

der Kampf – la lutte
sich engagieren in etw.
    – s'engager dans qch
auf jeden Fall – en tous les cas
ein Versprechen halten
    – tenir une promesse
ein Wähler – un électeur
enttäuscht sein – être déçu

4. Benjamin: „Also ich werde der jüngste Präsident in der Geschichte der französischen Republik sein. Ich werde mich im Kampf für die Umwelt, die Gerechtigkeit und für den Frieden engagieren. Ich werde auf jeden Fall die Versprechen, die ich gemacht habe, halten. Die Wähler werden von mir nie enttäuscht sein."

DIE UNREGELMÄSSIGEN VERBEN II
Les verbes irréguliers II

Bei den unregelmäßigen Verben muss man zwischen den **stammbetonten** und den **endungsbetonten** Formen unterscheiden. Die **stammbetonten** Formen (1., 2., 3. Person Singular und 3. Plural) haben oft einen **anderen Stamm** als der Infinitiv.
Die **endungsbetonten Formen** (1. und 2. Person Plural) dagegen **behalten** meistens den **Stamm des Infinitivs**.

s'asseoir (sich setzen)

je	**m'**	**assois**	assieds
tu	**t'**	**assois**	assieds
il/elle/on	**s'**	**assoit**	assied
nous	nous	assoyons	**asseyons**
vous	vous	assoyez	**asseyez**
ils/elles	**s'**	**assoient**	asseyent
Imperativ:	*Assois-toi! Assoyons-nous! Assoyez-vous!*		**Assieds-toi! Asseyons-nous! Asseyez-vous!**
Passé composé:	*je me **suis assis**(e)*		
Imparfait:	*je m'assoyais*	**asseyais**	
Futur	*je m'assoirai*	**assiérai**	

> Das Verb *s'asseoir* (auch *assoir* geschrieben) besitzt **zwei** getrennte **Konjugationen**. Die **Formen** in *ie* und *ey* gehören der **gehobenen Sprache** an. Die *oi* und *oy* **Formen** dagegen werden häufig in der **gesprochenen Umgangssprache** verwendet. Die **fettgedruckten Formen** sind die, die an der **Schule** am **häufigsten gelernt** werden. Man sollte die **anderen Formen** aber zumindest **erkennen**.

battre (schlagen)

je	ba**ts**
tu	ba**ts**
il/elle/on	bat
nous	battons
vous	battez
ils/elles	battent
Imperativ:	Ba**ts**! Battons! Battez!
Passé composé:	*j'ai battu*
Ebenso:	*se battre (p.c. mit être)*

boire (trinken)

je	bois
tu	bois
il/elle/on	boit
nous	**buvons**
vous	**buvez**
ils/elles	**boivent**
Imperativ:	*Bois! Buvons! Buvez!*
Passé composé:	*j'ai bu*

> Bei *boire* sind es die **endungsbetonten Formen**, die einen anderen Stamm als der Infinitiv haben: *buv-*.
> Die **3. Person Plural** hat den Stamm *boiv-*.

conduire (fahren)

je	conduis
tu	conduis
il/elle/on	conduit
nous	**conduisons**
vous	**conduisez**
ils/elles	**conduisent**
Imperativ:	Conduis! Conduisons! Conduisez!
Passé composé:	*j'ai conduit*
Ebenso:	*construire* (bauen), *détruire* (zerstören), *cuire* (kochen, backen), *traduire* (übersetzen)

> Bei *conduire* haben die 1., 2. und 3. Person Plural den Stamm *conduis-*.

craindre (fürchten)

je	crains
tu	crains
il/elle/on	craint
nous	**craignons**
vous	**craignez**
ils/elles	**craignent**
Imperativ:	Crains! Craignons! Craignez!
Passé composé:	*j'ai craint*
Ebenso:	*plaindre* (bedauern), *se plaindre* (sich beklagen), *rejoindre* (treffen), *éteindre* (ausschalten, ausmachen), *peindre* (malen)

> Bei *craindre* haben die 1., 2. und 3. Person Plural den Stamm *craign-*.

s'enfuir (fliehen)

je	m'enfuis
tu	t'enfuis
il/elle/on	s'enfuit
nous	nous **enfuyons**
vous	vous **enfuyez**
ils/elles	s'enfuient
Imperativ:	Enfuis-toi! Enfuyons-nous! Enfuyez-vous!
Passé composé:	je me **suis enfui(e)**

> Bei der **1. und 2. Person Plural**, also bei den endungsbetonten Formen, von **s'enfuir** wird **ui** zu **uy**.

pleuvoir (regnen)

il pleut	
Passé composé:	il a plu
Futur:	il pleuvra
Imparfait:	il pleuvait

falloir (etwas tun müssen)

il faut	
Passé composé:	il a fallu
Futur:	il faudra
Imparfait:	il fallait

> **Falloir** und **pleuvoir** sind **unpersönliche Verben**. Sie werden daher nur in der **3. Person Singular** konjugiert und haben **keinen Imperativ**.

mourir (sterben)

je	**meurs**
tu	**meurs**
il/elle/on	**meurt**
nous	mourons
vous	mourez
ils/elles	**meurent**
Imperativ:	Meurs! Mourons! Mourez!
Passé composé:	il/elle **est mort/e**
Imparfait:	il **mourra**

> Bei **mourir** haben die **stammbetonten Formen** den Stamm **meur-**. Die Formen des **Futurs** sind durch das **verdoppelte r** gekennzeichnet: **mourra**.

offrir (anbieten)

j'	offre
tu	offres
il/elle/on	offre
nous	offrons
vous	offrez
ils/elles	offrent
Imperativ:	Offre! Offrons! Offrez!
Passé composé:	j'ai **offert**
Ebenso:	ouvrir (öffnen), découvrir (entdecken), souffrir (leiden)

> Das Verb **offrir** ist durch seine für **-er** Verben **typischen Endungen** gekennzeichnet.

suivre (folgen)

je	suis
tu	suis
il/elle/on	suit
nous	suivons
vous	suivez
ils/elles	suivent
Imperativ:	Suis! Suivons! Suivez!
Passé composé:	j'ai suivi

> **Je suis** auch: **ich bin** (être)

se taire (schweigen)

je	me tais
tu	te tais
il/elle/on	se tait
nous	nous **taisons**
vous	vous **taisez**
ils/elles	se **taisent**
Imperativ:	Tais-toi! Taisons-nous! Taisez-vous!
Passé composé:	tu t'**es tu**(e)

> Bei **se taire** haben die 1., 2. und 3. Person Plural den Stamm **tais-**.

Exercice 1 – Conjuguez les verbes au présent de l'indicatif.

1. nous (conduire) ....
2. tu (offrir) ....
3. ils (craindre) ....
4. vous (boire) ....
5. on (se taire) ....
6. je (s'asseoir) ....
7. elles (traduire) ....
8. il (pleuvoir) ....
9. tu (peindre) ....
10. nous (souffrir) ....
11. vous (s'enfuir) ....
12. j' (ouvrir) ....
13. on (éteindre) ....
14. ils (se plaindre) ....
15. tu (suivre) ....
16. vous (cuire) ....
17. je (construire) ....
18. elle (battre) ....
19. nous (rejoindre) ....
20. vous (peindre) ....

Exercice 2 – Faites des phrases. Mettez les verbes au présent.

1. se battre/la cour de récréation/les élèves/dans

2. vous/qu'est-ce que/boire ?

3. mes parents/lentement/conduire/très/toujours

4. depuis/pleuvoir/une semaine/il

5. huit heures/les portes du magasin/à/ouvrir

6. craindre/le tonnerre/ma petite sœur et moi

le tonnerre –
der Donner

7. la fin/mourir/du film/le héros/à

8. son grand-père/lui/des chocolats/offrir/toujours

9. s'asseoir/pourquoi/si loin derrière/vous/est-ce que?

10. falloir/il/ce soir/se coucher/tôt

11. la chaleur/elle/beaucoup/souffrir de

la chaleur
– die Hitze
souffrir de qch.
– unter etw. leiden

Exercice 3 – Mettez les verbes réguliers et irréguliers à la bonne forme du présent.

Petite histoire du Québec

le Québec
– une province du Canada

L'histoire (1) _____ (commencer) quand Jacques Cartier (2) _____ (arriver) à Percé en 1534 et qu'il (3) _____ (prendre) possession du territoire

prendre possession
– in Besitz nehmen
une terre
– hier ein (Stück) Land
fonder qch. – etw. gründen

au nom du roi de France. On (4) _____ (appeler) alors ces nouvelles terres la Nouvelle-France. C'est le début du Canada. En 1608, Samuel de Champlain (5) _____

un colon – ein Siedler
le monde – die Welt

(fonder) la ville de Québec. Des colons français (6) _____ (venir) vivre au Nouveau Monde, où ils (7) _____ (espérer) trouver une meilleure vie. Environ 150 ans plus tard, pendant la guerre de sept ans, les Français (8) _____ (se battre) contre les Anglais pour garder leurs territoires sur le nouveau continent. En 1760, la Nouvelle-France (9) _____ (tomber) aux mains des Anglais. Avec le Traité de Paris de 1763, la Nouvelle France (10) _____ (devenir) une

trahi(e) – verraten

colonie anglaise. Les Canadiens français (11) _____ (se sentir) trahis et (12) _____ (craindre) d'être oubliés. Les Anglais (13) _____ (tolérer) malgré tout la langue et la religion des colons français à cause de leur grand nombre. Les familles canadiennes (14) _____ (devenir) de plus en plus nombreuses. Les Canadiens français (15) _____ (rester) cependant

un/e citoyen/ne
– ein/e Bürger/in
inférieur(e) – minderwertig

des citoyens inférieurs: ils (16) _____ (avoir) souvent des emplois mal payés et (17) _____ (occuper) rarement de hautes positions. Deux cents ans plus tard, alors que la société québécoise (18) _____ (se moderniser), le Québec (19) _____ (s'ouvrir) de nouveau sur le monde extérieur. En 1961, on

inaugurer qch. – etw. eröffnen

(20) _____ (inaugurer) la première Maison du Québec à Paris. Le Québec et la France (21) _____ (reprendre) le dialogue. La culture québécoise

fleurir – blühen (wird wie *finir*
konjugiert)
un chansonnier
– ein Liedermacher

(22) _____ (fleurir). Plusieurs chansonniers, comme Félix Leclerc et Claude Léveillée (23) _____ (connaître) beaucoup de succès en France.

indépendantiste
– separatistisch, für die
Unabhängigkeit

Dans les années 70, le mouvement indépendantiste (24) _____ (voir) le jour. Le Parti québécois, parti politique séparatiste, (25) _____ (gagner) les élections provinciales de 1976. Il (26) _____ (offrir) deux fois la chance aux Québécois de

se prononcer sur qch.
– sich über etw. äußern
l'indépendance
– die Unabhängigkeit
un référendum
– eine Volksabstimmung

se prononcer sur l'indépendance du Québec: aux référendums de 1980 et 1995. Dans les deux cas, les Québécois (27) _____ (dire) NON. La question de l'identité nationale (28) _____ (jouer) toujours un rôle important dans la politique nationale,

une préoccupation – eine Sorge

mais les Québécois (29) _____ (avoir) aussi d'autres préoccupations comme le

le chômage – die Arbeitslosigkeit
compétitif – wettbewerbsfähig

chômage, le système de santé, l'éducation. Ils (30) _____ (vouloir) surtout que le Québec soit compétitif dans l'économie mondiale. Les entreprises québécoises

produire – herstellen (wird wie
construire konjugiert)

(31) _____ (produire) et (32) _____ (vendre) sur le marché international des produits de haute technologie en aéronautique, informatique et télécommunication.

Le Québec (33) _____ (essayer) donc de garder sa culture et sa langue françaises et au même moment de s'ouvrir sur le monde.

Exercice 4 – Traduisez les phrases suivantes.

Rira bien qui rira le dernier – Wer zuletzt lacht lacht am besten

1. Wie jeden Dienstagabend gehen Sophie und Olivia ins Kino. Sie warten vor der Kasse, weil sie nicht wissen, welchen Film sie sehen wollen.

2. Sophie: „Schauen wir uns den Liebesfilm an! Die Kritiken sagen viel Gutes über den Film.“

    die Kritiken – les critiques

3. Olivia: „Ich bin nicht einverstanden! Erstens muss man lange Schlange stehen. Zweitens gefällt mir die Schauspielerin nicht. Drittens stirbt der Held am Schluss. Ich will den neuen *James Bond* sehen.“

4. Sophie: „Ach nein, das ist immer dasselbe! Er kämpft gegen die Bösen, kann aber immer in der letzten Sekunde fliehen. Er fährt Luxusautos, trinkt Martinis und alle Frauen rennen hinter ihm her. Ich will einen Film sehen, in dem man viel lacht.“

    hinter jmd. herlaufen – courir après qn

5. Olivia: „Einverstanden! Was sagst du zu den *Sieben Zwergen* mit Otto?“

6. Sophie: „Super Idee. Kaufen wir schnell die Karten, der Film fängt in zwei Minuten an!“

7. Die beiden Freundinnen rennen bis zum Saal. Die Platzanweiserin nimmt ihre Karten und sagt: „Folgen Sie mir!“

    eine Platzanweiserin – une ouvreuse

8. Sophie und Olivia beeilen sich und setzen sich schnell hin. Der Film geht gleich los.

9. Sophie: „Olivia, das ist doch der *James Bond*! Wir sind im falschen Film.“

    falsch (hier) – mauvais(e)

10. Olivia: „Sei ruhig und iss dein Popcorn!"

11. Sophie fängt an zu lachen und kann nicht mehr aufhören.

Exercice 5 – Mettez les verbes à la personne et au temps demandés.

1. boire (nous, imparfait):

2. s'asseoir (tu, futur):

3. se taire (elles, passé composé):

4. falloir (il, futur):

5. se plaindre (vous, imparfait):

6. offrir (ils, présent):

7. mourir (elle, passé composé):

8. boire (je, plus-que-parfait):

9. ouvrir (on, plus-que-parfait):

10. se battre (elles, passé composé):

11. craindre (tu, imparfait):

12. conduire (je, passé composé):

13. s'enfuir (ils, passé composé):

14. peindre (elle, imparfait):

15. souffrir (nous, passé composé):

16. découvrir (tu, présent):

17. mourir (il, futur):

18. pleuvoir (il, passé composé):

19. suivre (nous, futur):

20. boire (elles, passé composé):

21. s'enfuir (elle, plus-que-parfait):

22. boire (vous, futur):

23. suivre (il, présent):

24. rejoindre (nous, imparfait):

Exercice 6 – Mettez les verbes à la personne et au temps demandés.

1. Je ne   pas (s'asseoir – futur simple) à côté de lui.

2. Ses parents lui   (offrir – passé composé) une voiture pour son anniversaire.

3. Nous   (se battre – présent) contre l'injustice sociale.

4, Mon arrière-grand-mère   (mourir – passé composé) à 95 ans.

5. Il   (pleuvoir – futur simple) encore demain.

6. Les élèves   toujours (se plaindre – présent) de leur prof de math.

7. Je te _____ (rejoindre – futur simple) un peu plus tard.

8. Est-ce que tu _____ (éteindre – passé composé) la lumière?

9. Nous ne _____ jamais (traduire – présent) les textes en classe.

10. Les jeunes d'aujourd'hui n' _____ plus (écrire – présent) de lettres, mais
    des courriels ou des textos. Ils _____ moins (lire – présent) de livres, mais
    plus de documents en ligne sur Internet.

    un courriel – eine E-Mail
    un texto – ein SMS
    en ligne – online

11. Les voleurs _____ (s'enfuir – plus-que-parfait) quand la police
    _____ (arriver – passé composé).

12. Elle _____ (boire – imparfait) un café quand le téléphone _____
    (sonner – passé composé).

13. Notre prof de math _____ (se plaindre – présent) toujours que les élèves
    ne _____ pas (se taire – présent) pendant ses cours.

14. Il _____ (pleuvoir – passé composé) tellement qu'il _____ (falloir
    – passé composé) barrer la route.

    barrer qch. – etw. sperren

15. Si tu ne _____ pas (donner – présent) tout de suite de l'eau à cette plante,
    elle _____ (mourir – futur simple) bientôt de sécheresse.

    la sécheresse
    – die Trockenheit, die Dürre

16. Au Moyen-Âge, les gens _____ (croire – imparfait) que la terre
    _____ (être – imparfait) plate.

    plat/e – flach

17. Tu _____ (voir – futur simple), la Bretagne te _____ (plaire
    – futur simple).

18. Quand on _____ (construire – futur antérieur) la nouvelle route, il
    y _____ (avoir – futur simple) moins de trafic au centre ville.

19. Nous _____ (vouloir – imparfait) faire une randonnée, mais nous
    _____ (ne pas pouvoir – passé composé) parce qu'il
    _____ (se mettre à – passé composé) pleuvoir.

    se mettre à faire qch.
    – anfangen etw. zu tun

20. La femme de ses rêves, il l' _____ (suivre – plus-que-parfait)
    jusqu'au bout du monde parce qu'il ne _____ pas (pouvoir – imparfait)
    vivre sans elle.

21. On _____ (reconstruire – futur simple) l'église que le feu
    _____ (détruire – passé composé) l'année dernière.

Exercice 7 – Traduisez le texte suivant.

Antoine de Saint-Exupéry: une courte biographie

1. Antoine de Saint-Exupéry wurde am 29. Juni 1900 in Lyon geboren.
    Er stammte von einer der ältesten Adelsfamilien Frankreichs ab.

    von jdm. abstammen
    – descendre de qn
    eine Adelsfamilie
    – une famille noble

2. Er verbrachte seine Kindheit bei seiner Tante in Saint-Maurice de Rémens, weil sein
    Vater verstorben war.

    etw. verbringen – passer qch.

    eine Schule besuchen
    – fréquenter une école
    sich niederlassen – s'établir

3. Er besuchte dann das Collège in Le Mans, wo seine Familie sich niedergelassen hatte.

ein Aufenthalt – un séjour

4. 1917, nach einem Aufenthalt am Collège Saint-Jean in Freiburg in der Schweiz, kehrte er nach Frankreich zurück.

Kurse belegen – suivre des cours
seinen Militärdienst ableisten
    – faire son service militaire
die Luftwaffe – l'armée de l'air

5. Da er sehr gut zeichnen konnte, belegte er Kurse an der *École des Beaux-Arts* in Paris. Seinen Militärdienst leistete er zwischen 1921 und 1923 in Straßburg bei der Luftwaffe ab. Dies wird für seine Karriere eine wichtige Rolle spielen.

eine Firma – une société
die Post *(hier)* – le courrier

6. 1926 fing er an, für die Firma *Latécoère*, die die Post zwischen Toulouse und Dakar in Afrika transportierte, zu fliegen. 1931 heiratete er in Argentinien.

eine Fluglinie
    – une ligne aérienne
etw. schaffen – créer qch.

7. Er war nach Südamerika gegangen, weil seine Firma dort neue Fluglinien schaffen wollte.

8. Im selben Jahr schrieb er das Buch *Vol de nuit*, das viel Erfolg hatte.

die Befreiungsarmee
    – l'armée de la Libération
etw. veröffentlichen
    – publier qch.

9. Während des Zweiten Weltkriegs war er Kriegspilot in der Befreiungsarmee. Zur gleichen Zeit veröffentlichte er sein Buch *Le petit Prince*, das er selbst illustriert hatte.

beherrscht von – dominé par

10. Da er zu alt war, erlaubte man ihm nicht mehr zu kämpfen. In seinem letzten Brief hatte er geschrieben, dass er keine Angst vor dem Tod hätte und dass er eine von den Nazis beherrschte Welt mehr fürchtete.

irgendwo – quelque part
über etwas – au-dessus de qch.

11. Er starb am 31. Juli 1944, irgendwo über dem Mittelmeer.

KONDITIONAL I UND II
Le conditionnel présent et le conditionnel passé

1 Bildung

1.1 Das *conditionnel présent*

Das *Conditionnel présent* wird wie das *futur simple* gebildet (siehe Seite 58), allerdings mit den **Endungen des *imparfait* -ais, -ais, -ait, -ions,- iez, -aient.**

	passer	partir	prendre
je	passe**rais**	parti**rais**	prend**rais**
tu	passe**rais**	parti**rais**	prend**rais**
il	passe**rait**	parti**rait**	prend**rait**
nous	passe**rions**	parti**rions**	prend**rions**
vous	passe**riez**	parti**riez**	prend**riez**
ils	passe**raient**	parti**raient**	prend**raient**

Sonderformen:

être → je **serais**   avoir → j'**aurais**   aller → j'**irais**
recevoir → je **recevrais**   courir → je **courrais**   devoir → je **devrais**
envoyer → j'**enverrais**   faire → je **ferais**   vouloir → je **voudrais**
pouvoir → je **pourrais**   savoir → je **saurais**   venir → je **viendrais**
voir → je **verrais**   pleuvoir (regnen) → il **pleuvrait**   falloir → il **faudrait**

1.2 Das *conditionnel passé*

Das *conditionnel passé* ist (wie das *passé composé* und das *plus-que-parfait*) eine zusammengesetzte Verbform und wird aus der **conditionnel-présent-Form von *avoir* oder *être*** und dem **Partizip des Verbs** gebildet.

J'aurais passé   **je serais parti(e)**   **j'aurais pris**

Sonderformen

être → j' aurais été   avoir → j'aurais eu   aller → je serais allé (e)
recevoir → j'aurais reçu   courir → j'aurais couru   devoir → j'aurais dû
envoyer → j'aurais envoyé   faire → j'aurais fait   vouloir → j'aurais voulu
pouvoir → j'aurais pu   savoir → j'aurais su   venir → je serais venu(e)
voir → j'aurais vu   pleuvoir → il aurait plu   falloir → il aurait fallu

> Für das *conditionnel* gelten dieselben **Sonderformen wie für das Futur.**

2   Bedeutung und Gebrauch

2.1 Das *conditionnel présent*

Das *conditionnel présent* ist ein Modus (wie der Indikativ oder der Imperativ), das heißt, es drückt
die **Art und Weise einer Handlung oder eines Vorgangs** aus.

Ähnlich wie im Deutschen sind dies: eine **Annahme** oder **Möglichkeit**, ein **Wunsch**, ein **Vorschlag**
oder eine **höfliche Frage/Bitte**.

- **Annahme/Möglichkeit**
  Mon copain n'est pas au rendez-vous pour partir en classe de neige. **Serait-il** *malade?* Sollte er etwa krank sein?
  Nous pourrions *vous aider cet après-midi.* Wir könnten euch heute Nachmittag helfen.

- **Wunsch**
  Je voudrais *lire ce livre.* Ich würde gerne/Ich möchte dieses Buch lesen.

- **Höfliche Frage/Bitte**
  Excusez-moi, Monsieur, **pourriez-vous** *me dire quelle heure il est?*
  Entschuldigung, mein Herr. Könnten Sie mir sagen, wie spät es ist?

2.2 Das *conditionnel passé*

Das *conditionnel passé* hat dieselbe Bedeutung wie das
conditionnel présent und wird für **Aussagen in der Vergangenheit** gebraucht.

- **Annahme/Möglichkeit**
  Hier, mon copain n'a pas été au rendez-vous pour partir en classe de neige.
  Aurait-il été *malade?* Sollte er krank gewesen sein?

- **Wunsch**
  J'aurais voulu lire le livre dont tu m'avais tant parlé.
  Ich hätte gern das Buch gelesen, von dem du mir soviel erzählt hattest.

> *Conditionnel présent*
> und *conditionnel passé*
> werden auch für den
> Bedingungssatz *(phrase
> conditionnelle)* benötigt.
> Das *conditionnel
> présent* wird auch als **Futur
> der Vergangenheit** bei der
> Zeitenfolge *(concordance
> des temps)* verwendet.
> Für beides siehe Seite 84.

Exercice 1 – Mettez les verbes au conditionnel présent.

Das Leben könnte voller schöner Überraschungen sein ...

1. Tout à coup, je _____ (pouvoir) être riche.

2. Alors, les gens _____ (être) très gentils avec moi et ils me _____ (demander) très poliment: «Est-ce que vous _____ (avoir) la gentillesse de venir chez nous?»

   gentil(le) – freundlich

   la gentillesse
   – die Freundlichkeit

3. Et moi, je _____ (dire): «Bien sûr, avec plaisir.»

4. J' _____ (acheter) beaucoup de choses pour mon petit frère. Il _____ (avoir) des jouets formidables.

5. Je _____ (ne pas oublier) mes parents. Ils _____ (faire) un voyage autour du monde.

6. Ma mère _____ (aller) dans un grand magasin de mode et y _____ (trouver) de très jolies robes.

7. Et mon père? Lui et moi, nous _____ (vouloir) faire beaucoup de choses ensemble. Nous _____ (partir) en bateau sur les mers ou nous _____ (louer) un hélicoptère pour faire du ski dans les Montagnes Rocheuses au Canada.

   les Montagnes Rocheuses
   – die Rocky Mountains

8. Il y _____ (avoir) aussi des gens qui me _____ (demander): «Est-ce que vous _____ (pouvoir) donner un peu de votre argent pour les enfants qui ont faim en Afrique ou ailleurs?» Je le _____ (faire) et je _____ (être) très connu dans le monde entier.

9. Oui, la vie _____ (pouvoir) être pleine de belles surprises.

Exercice 2 – Mettez les verbes au conditionnel passé.

Und manchmal denke ich, das Leben hätte voller schöner Überraschungen sein können ...

1. Tout à coup, j' _____ (pouvoir) être riche.

2. Alors, les gens _____ (être) très gentils avec moi et ils m' _____ (demander) très poliment: «Auriez-vous la gentillesse de venir chez nous?»

3. Et moi, j' _____ (dire): «Bien sûr, avec plaisir.»

4. J' _____ (acheter) beaucoup de choses pour mon petit frère. Il _____ (avoir) des jouets formidables.

5. Je _____ (ne pas oublier) mes parents. Ils _____ (faire) un voyage autour du monde.

6. Ma mère _____ (aller) dans un grand magasin de mode et y _____ (trouver) de très jolies robes.

7. Et mon père? Lui et moi, nous _____ (vouloir) faire beaucoup de choses ensemble. Nous _____ (partir) en bateau sur les mers ou nous _____ (louer) un hélicoptère pour faire du ski dans les Montagnes Rocheuses au Canada.

8. Il y _____ (avoir) aussi des gens qui m' _____ (demander):
«Est-ce que vous pourriez donner un peu de votre argent pour les enfants qui ont faim
en Afrique ou ailleurs?» Je l' _____ (faire) et j' _____ (être)
très connu dans le monde entier.

9. Oui, la vie _____ (pouvoir) être pleine de belles surprises.

Exercice 3 – Mettez les verbes au conditionnel présent
ou bien au conditionnel passé selon le contexte.

Un Alsacien en enfer

l'enfer (m.) – die Hölle

l'Alsace (f.) – das Elsass

L'Alsace est une région française. Ses habitants, les Alsaciens, ont changé plusieurs fois de
nationalité entre la France et l'Allemagne. Aujourd'hui encore beaucoup d'entre eux parlent
le français et l'allemand.

Un jour, un Alsacien est mort. Juste avant sa mort il se disait: «Ah, je (1) _____
(vouloir) aller au paradis, ce (2) _____ (être) fantastique. Je (3) _____
(voir) des choses merveilleuses et je (4) _____ (faire) tout ce que je n'ai pas pu faire
sur terre.» Malheureusement, il se retrouve en enfer. Mais comme il est Alsacien, un petit

soyez le bienvenu – willkommen

diable lui dit poliment: «Soyez le bienvenu, Monsieur. Est-ce que vous (5) _____
(être) assez aimable de me dire ce que vous choisissez, l'enfer français ou l'enfer allemand?
L'Alacien lui demande s'il y (6) _____ (avoir) une différence. Le petit diable lui

frapper – schlagen
brûler – (ver-)brennen

explique que dans l'enfer français, on le (7) _____ (frapper) dix fois par
jour et on le (8) _____ (brûler) sur un grand feu le matin et le soir. – Et dans
l'enfer allemand? Le petit diable lui répond que c'est la même chose. L'Alsacien réfléchit
longtemps. Il pense qu'il (9) _____ (ne pas devoir) être né comme
Alsacien, alors il (10) _____ (ne pas devoir) faire ce choix. Ah, il
(11) _____ (falloir) être né comme Anglais!, pense-t-il. Finalement, il dit au
petit diable: «Je choisis l'enfer français. Pourquoi? Parce que là, il peut y avoir de temps en
temps une panne.»

Exercice 4 – Traduisez.

den Führerschein machen
  – passer le permis de con-
    duire

1. Ich möchte den Führerschein machen, aber ich bin noch nicht 18 Jahre alt.

2. Gestern hätten wir miteinander ins Kino gehen können, da hatte ich Zeit.

3. Würdet Ihr zu uns kommen, sagen wir am Mittwoch um 19 Uhr 45?

eine Kreuzung – un carrefour

eine Ampel – un feu tricolore

4. Entschuldigung, mein Herr. Könnten Sie mir sagen, wo der Bahnhof ist? – Ja, natürlich.
Sie hätten die kleine Straße an der Kreuzung hinter Ihnen nehmen und einfach
geradeaus gehen können. Aber nun wenden Sie sich an der nächsten Ampel nach links,
dann an der ersten Straße nochmals nach links und Sie werden den Bahnhof sehen.

5. Eines Tages würden wir sehr reich sein und dann würden wir vielen Leuten Gutes tun!
   Ich wachte auf, es war nur ein Traum. Es wäre so schön gewesen!

Gutes tun – faire du bien

6. Meine Schwester fährt sehr gerne Ski. Sie würde weit wegfahren, um Abfahrten mit
   schönem Pulverschnee zu haben.

eine Abfahrt – une descente

der Pulverschnee – la poudreuse

7. Hätten Sie die Freundlichkeit, mir das Problem nochmals zu erklären?
   Ich hätte aufpassen sollen!

8. Letztes Wochenende wären sie Ski gefahren, aber es regnete die ganze Zeit.

SUBJONCTIF
Le subjonctif

Der *subjonctif* ist ein **Modus** wie der Indikativ, der Imperativ und das Konditional.

Der *subjonctif* drückt die **persönliche Sichtweise** aus, die ein Sprechender/Schreibender von einer Handlung/ Vorgang oder einem Zustand hat.

Er ähnelt dem deutschen Konjunktiv.

Von den vier Zeiten des Subjonctif sind heute vor allem zwei gebräuchlich:

das **Präsens des subjonctif** und das **Perfekt des** *subjonctif*.

Der *Subjonctif* kommt – mit Ausnahme einiger Ausdrücke wie *Vive la France!* – **nur in Nebensätzen** vor, die **durch** *que* **= dass oder ein Relativpronomen** wie *qui* **eingeleitet** werden.

1   Die Bildung der Zeiten des *subjonctif*

1.1   Das Präsens des *subjonctif*

Es wird gebildet mit dem Stamm der 3. Person Plural Präsens und Endungen des Präsens der Verben auf -er (1. – 3. Person Singular und 3. Person Plural) sowie Endungen des Imperfekts (1. und 2. Person Plural).

regard**er** → ils regard**ent**		fin**ir** → ils fin**issent**		répond**re** → ils répond**ent**	
que je	regard**e**	que je	fin**isse**	que je	répond**e**
que tu	regard**es**	que tu	fin**isses**	que tu	répond**es**
qu'il	regard**e**	qu'il	fin**isse**	qu'il	répond**e**
que nous	regard**ions**	que nous	fin**issions**	que nous	répond**ions**
que vous	regard**iez**	que vous	fin**issiez**	que vous	répond**iez**
qu'ils	regard**ent**	qu'ils	fin**issent**	qu'ils	répond**ent**

Bei den **Verben auf -er** sind also die 1. – 3. Person Singular und die 3. Person Plural mit den Formen des Präsens identisch. **Alle Verben**, die den *subjonctif* regelmäßig bilden, übernehmen für die 1. und 2. Person Plural die Formen des Imperfekts.

boire → ils bo**ivent**		prendre → ils pren**nent**		croire → ils cro**ient**	
que je	bo**ive**	que je	pren**ne**	que je	cro**ie**
que tu	bo**ives**	que tu	pren**nes**	que tu	cro**ies**
qu'il	bo**ive**	qu'il	pren**ne**	qu'il	cro**ie**
que nous	**buvions**	que nous	**prenions**	que nous	**croyions**
que vous	**buviez**	que vous	**preniez**	que vous	**croyiez**
qu'ils	bo**ivent**	qu'ils	pren**nent**	qu'ils	cro**ient**

Sonderformen

avoir		être		aller		vouloir	
que j'	aie	que je	sois	que j'	aille	que je	veuille
que tu	aies	que tu	sois	que tu	ailles	que tu	veuilles
qu'il	ait	qu'il	soit	qu'il	aille	qu'il	veuille
que nous	ayons	que nous	soyons	que nous	allions	que nous	voulions
que vous	ayez	que vous	soyez	que vous	alliez	que vous	vouliez
qu'ils	aient	qu'ils	soient	qu'ils	aillent	qu'ils	veuillent

faire: que je fasse   pouvoir: que je puisse   savoir: que je sache
falloir: qu'il faille   pleuvoir: qu'il pleuve   valoir: qu'il vaille

1.2   Das Perfekt des *subjonctif*

Es wird gebildet, indem beim *passé composé* die Form des Hilfsverbs *avoir* oder *être* in die entsprechende Form des Präsens des Subjonctif gesetzt wird:

J'ai regardé → que ***j'aie regardé***

2 Der Gebrauch des *subjonctif*

Die Zeiten des *subjonctif* drücken eine **persönliche, subjektive Sichtweise** aus.
Vieles hängt dabei von dem vorausgehenden, einleitenden Wort ab, das oft schon
diese persönliche Sichtweise ankündigt:
das **vorausgehende Hauptverb** oder die **vorausgehende Konjunktion**.

Wir unterscheiden im *que*-Satz den automatischen Gebrauch des *subjonctif*
nach bestimmten Verben, Ausdrücken und Konjunktionen sowie den Gebrauch
des *subjonctif*, der die Gesamtaussage des Satzes berücksichtigt.
Dazu kommt noch der Gebrauch des *subjonctif* im Relativsatz.

2.1 Der automatische Gebrauch des *subjonctif* im *que*-Satz

- wenn **das vorausgehende Hauptverb** oder **der vorausgehende Ausdruck** ein **Gefühl**,
  einen **Willen/Wunsch** oder eine **Ungewissheit**/einen **Zweifel** ausdrückt.

  Gefühl: *admirer/aimer/avoir peur/craindre/s'étonner/se moquer/se plaindre/
  regretter/trouver bon (mauvais)/être content/être triste/être fâché* u.a.
  Wille/Wunsch: *accepter/aimer mieux/être d'accord/avoir envie/défendre/interdire/
  préférer/proposer/vouloir/refuser/il faut/il est utile/il est bon/il est important/il est
  temps/il est indispensable/il vaut mieux* u.a.
  Ungewissheit/Zweifel: *douter/nier/il est (im)possible/il se peut/il est douteux, il n'est
  pas sûr, il n'est pas certain* u.a.

- wenn die **vorausgehende Konjunktion** eine der folgenden ist:

  bien que: obwohl/*quoique:* obwohl/*à condition que:* unter der Bedingung, dass/
  pourvu que: vorausgesetzt, dass/*sans que:* ohne dass/*jusqu'à ce que:* bis/
  avant que: bevor/*pour que:* damit/*afin que:* damit

> Ein *que*-Satz ist nur möglich, wenn der einleitende Satzteil und der folgende *que*-Satzteil **verschiedene Subjekte** haben.
> **Bei gleichem Subjekt** wird der **Infinitiv** verwendet:
> *J'ai peur qu'il fasse une erreur.*
> *J'ai peur de faire une erreur.*

2.2 Der Gebrauch des *subjonctif* im *que*-Satz entsprechend der Gesamtaussage

Die **Verben des Sagens und Denkens** (*croire, dire, penser* u. a.) kündigen als einleitendes Hauptverb eine
Ungewissheit an, wenn sie **verneint** sind **oder fragend** gebraucht werden (nur Inversionsfrage).
Sie lösen dann den *subjonctif* im *que*-Satz aus.

*Je **ne** crois **pas** qu'il **vienne**./Je **ne** dis **pas** qu'il **soit** malade.*
***Crois-tu** qu'il **vienne**?/**Penses-tu** qu'il **soit** malade?*
aber: *Je **crois** qu'il viendra./**Je dis** qu'il est malade.*

> Im Deutschen steht oft in der indirekten Rede der Konjunktiv, im Französischen steht eine Zeit des Indikativs.
> Siehe dazu Seite 85.

2.3 Der Gebrauch des *subjonctif* im Relativsatz

- wenn der Relativsatz einen **Wunsch** oder einen **Zweck** ausdrückt.
  *Mes parents cherchent toujours un hôtel qui **soit** bon marché.*

- nach einem **Superlativ** oder ähnlichen Ausdrücken wie
  le premier/le dernier/seul/unique.
  *C'est le plus beau pays **que j'aie visité**.*
  *L'Allemand Armin Hary a été le premier homme qui **ait couru** les 100 mètres en 10 secondes.*

> Nach *croire que, penser que, trouver que,* etc. steht also **kein *subjonctif*.**
> Auch nach *espérer que* steht kein *subjonctif*, sondern oft das *futur simple*.

Exercice 1 – Mettez les verbes au subjonctif présent.

1. Je **veux** que

   - vous _____ (finir) de bavarder.

   - vous _____ (faire) attention.

   - vous _____ (répondre) à mes questions.

2. Il **demande** que

   - nous _____ (finir) de bavarder.

   - nous _____ (faire) attention.

   - nous _____ (répondre) à ses questions.

3. **Il faut** que

   - tu _____ (choisir) l'une des deux choses.

   - tu me _____ (rendre) la chose que tu n'as pas choisie.

   - tu _____ (être) content(e) de ton choix.

4. Il **trouve bon** que

   - je _____ (choisir) l'une des deux choses.

   - je lui _____ (rendre) la chose que je n'ai pas choisie.

   - je _____ (être) content(e) de mon choix.

5. Nous **regrettons** qu'

   - ils _____ (ne pas avoir) le temps de venir nous voir.

   - ils _____ (ne pas venir) chez nous.

   - ils _____ (aller) souvent au café et qu'ils y _____ (boire) trop.

Exercice 2 – Mettez les verbes au subjonctif présent.

1. Nous nous **plaignons** qu'

   - ils ne _____ (savoir) rien.

   - ils _____ (réagir) trop tard.

   - ils _____ (ne jamais vouloir) faire ce que nous faisons.

2. **Il est important** que

   - tu _____ (savoir) parler une ou deux langues étrangères.

   - tu _____ (réagir) vite quand on te pose une question.

   - tu _____ (vouloir) faire des efforts.

3. Je **m'étonne** que

   - vous m' _____ (écrire) si souvent.

   - vous _____ (ne pas avoir) le temps.

   - vous _____ (ne pas être) là quand on a besoin de vous.

4. **Il est possible** que

   - j' _____ (écrire) cette lettre tout de suite.

   - j' _____ (avoir) le temps de t'accompagner.

   - je _____ (être) là ce soir.

5.   Tu **refuses** qu'

-   il _____ (apprendre) le vocabulaire avec toi.

-   il _____ (venir) chez toi après l'école.

Exercice 3 – Mettez les verbes au subjonctif présent ou à un temps de l'indicatif.

Qui va payer?

Pierre et Charles sont assis dans un café. Pierre demande à Charles: «Veux-tu qu'on

(1) _____ (faire) une partie de belote?» Comme Pierre joue toujours pour de l'argent,

Charles hésite : « Je trouve mauvais que tu (2) _____ (ne

presque jamais perdre), tu es le meilleur joueur que je (3) _____ (connaître). »

Alors Pierre lui raconte qu' hier aussi il (4) _____ (jouer) et qu'il (5) _____

(perdre) plusieurs fois. Et il ajoute: « Je pense qu'aujourd'hui tu (6) _____ (avoir) de

bonnes chances de gagner. » Maintenant Charles est d'accord et comme Pierre dit: «Il faut

que tu (7) _____ (mettre) ton argent sur la table, il sort son porte-monnaie. «Je

propose que nous (8) _____ (mettre) chacun 5 euros», dit encore Pierre. Et il

s'étonne que son ami (9) _____ (regarder) dans son porte-monnaie et qu'il (10)

_____ (ne rien dire). Enfin Charles commence à parler: « Je regrette que

nous (11) _____ (ne pas pouvoir) jouer. Je n'ai pas d'argent sur moi»

Alors Pierre se met en colère et Charles a peur qu'il (12) _____ (se jeter) sur lui et

qu'il le (13) _____ (battre). «Quoi, tu n'as pas d'argent! Tu oses venir au café et jouer

aux cartes sans argent! Il est nécessaire que je (14) _____ (choisir) mieux mes

amis! Qui va maintenant payer mes consommations?»

la belote
– un jeu de cartes français

chacun,e – jeder, jede

un porte-monnaie
– ein Geldbeutel

les consommations f.
– Getränke, Zeche

la vérité – die Wahrheit

Exercice 4 – Formez des phrases et mettez les verbes au subjonctif ou à l'indicatif.

1.   ne pas croire – je – dire – la – vérité – il – que

   _____

2.   croire – demain – nous – faire beau temps – que – il

   _____

3.   être – que – le dernier match de foot – je – le plus intéressant – avoir vu.

   _____

4.   apprendre – que – il est utile – vous – des langues étrangères.

   _____

5.   espérer – mes parents – les prochaines vacances – que – en France – nous – passer

   _____

   _____

6.   absolument – que – aller le voir – vouloir – je – mon ami – cet après-midi.

   _____

aller voir – besuchen

7.   que – avoir raison – tu - penser – je –cette fois

   _____

8.   ne pas permettre – la télévision – regarder – nous – que – chaque jour – nos parents.

   _____

   _____

arriver à l'heure
   – pünktlich ankommen

9. être content – le train – que – à l'heure – être arrivé – nous - très

douter – zweifeln

10. douter – je – il – cette histoire – croire – que

Exercice 5 – Mettez les verbes au subjonctif présent ou à l'indicatif.

avare – geizig

Monsieur Picsou

Monsieur Picsou est un homme très riche, mais aussi très, très avare. Il se plaint toujours

une mouche – eine Fliege
un sucrier – eine Zuckerdose

qu'on lui (1) _____ (prendre) trop d'argent, qu'on le (2) _____ (tromper)
tout le temps. Quand il quitte son logement, il enferme une mouche dans un sucrier pour
voir si quelqu'un en a goûté pendant son absence. Un jour, il pense qu'il (3) _____
(devoir) faire plaisir à ses deux fils âgés de 13 et de 14 ans. Mais à condition que cela

(4) _____ (ne pas lui prendre) d'argent!

un domestique – ein Diener
s'entretenir – sich unterhalten

Alors il dit à un domestique: «Il faut que je (5) _____ (s'entretenir) avec
mes fils. Dites-leur de venir.» Quand les deux garçons sont devant lui, on voit bien qu'ils

(6) _____ (craindre) que leur père leur (7) _____ (dire) quelque chose

désagréable – unangenehm

de très désagréable. Mais celui-ci sourit et leur dit: «Pourvu que vous (8) _____
(continuer) à bien travailler cette semaine, je permets que vous (9) _____ (aller)
dimanche chez Tortoni afin que vous (10) _____ (pouvoir) regarder comment les
gens mangent une glace.»

Exercice 6 – Traduisez.

buchen – faire réserver

1. Es ist notwendig, dass wir schon jetzt in der Jugendherberge buchen.

2. Wir glauben nicht, dass er mit uns im Zug wegfährt.

bisher – jusqu'ici

3. Das ist der schönste Film, den ich bisher gesehen habe.

ein Treffen – un rendez-vous

4. Ich frage mich, ob er zu unserem Treffen kommen wird.

5. Es ist gut, dass wir Freunde in Frankreich haben.

6. Mein Kumpel hat immer gute Noten, ohne dass er viel arbeiten muss.

7. Unser Französischlehrer erklärt alles, bis jeder verstanden hat.

8. Er sagt, dass es zu spät sei, um noch diesen Film anzuschauen.

9. Könnten wir ein Zimmer haben, das einen Balkon mit Sicht auf das Meer hat?

eine Sicht auf das Meer
– une vue sur la mer

10. Ich finde, dass Ihr beide Recht habt.

Recht haben – avoir raison

Exercice 7 – Mettez les verbes au subjonctif, à un temps de l'indicatif ou au conditionnel.

Vive les tests!

Vous voulez que je (1) _____ (faire) ce test pour montrer que je (2) _____
(connaître) l'emploi du subjonctif? Vous désirez que j' (3) _____ (écrire) sur cette
feuille de papier? Il faut que je vous (4) _____ (dire) une chose: Je n'aime pas que vous
me (5) _____ (faire) travailler pour rien. Et le subjonctif, je m'y connais. Mais je

s'y connaître
– sich darin auskennen

ferai ce test pour vous faire plaisir. Allons, au travail! Ah! je vois déjà qu'on ne (6) _____
(devoir) pas toujours mettre le subjonctif. Je trouve que ce test n' (7) _____ pas très
difficile. Mais pour ces choses-là, il vaut mieux que nous (8) _____ (être) en bonne

il vaut mieux – es ist besser

forme. Allons voir ce que vous avez trouvé comme phrases:
«Tu regrettes que toi et ton frère, vous (9) _____ (ne pas recevoir) de
lettre? De toute façon, il faut que toi, tu te (10) _____ (mettre) à écrire d'abord à
tes amis bien qu'ils (11) _____ (ne pas répondre) à ta dernière

de toute façon – auf jeden Fall

lettre.» – Zut! J'aimerais bien que vous (12) _____ (choisir) des phrases un
peu moins idiotes. Je suis vraiment étonné(e) qu'elles (13) _____ (ne pas
être) meilleures. Et je crois que vous en (14) _____ (trouver) des bonnes, si
vous faisiez un effort.
«Monsieur le Comte, il est indispensable que vous (15) _____ (venir) me voir
dans mon château. Vous savez qu'il (16) _____ (être) nécessaire que je (17) _____
(tenir) parole pour qu'on (18) _____ (pouvoir) avoir confiance en moi.»
Non, c'est trop bête. Il est temps que je (19) _____ (finir) ce test. Mais avant que
j' (20) _____ (aller) faire autre chose, voilà une petite phrase qui vous fera plaisir: Il
est utile qu'on (21) _____ (savoir) employer le subjonctif. N'est-ce pas?

indispensable – unerlässlich
un Comte – ein Graf

un château – ein Schloss

avoir confiance
– Vertrauen haben

BEDINGUNGSSATZ UND ZEITENFOLGE
La phrase conditionnelle et la concordance des temps

1 *La phrase conditionnelle* (der Bedingungssatz)

Die *phrase conditonnelle* besteht **aus zwei Teilen:**
Der eine Teil wird durch das Wort *si* („wenn" im Sinne von „falls") eingeleitet.
Er drückt eine wirkliche (reale) oder nur als Möglichkeit angesehene (irreale) **Bedingung** aus.
Der andere Teil drückt die **Folge** aus, die sich aus dieser wirklichen
oder nur möglichen Bedingung ergibt oder ergeben könnte.
Wir unterscheiden drei typische Fälle der *phrase conditionnelle.*

1.1 Fall 1: Der reale (wirkliche) Bedingungssatz

Er drückt eine wirkliche, noch mögliche Bedingung aus und die Folge,
die diese Bedingung hat:

Si j'ai le temps, je viendrai ce soir.
Wenn ich Zeit habe, komme ich heute Abend.

S'il fait beau, on mange sur la terrasse. (Im Sinne von: Quand il fait beau)
Wenn es schön ist, isst man/essen wir auf der Terrasse

> **Bedingung:** *si* + Präsens,
> **Folge:** Futur/Präsens
> Das Präsens steht im Folgesatz nur, wenn es sich um eine allgemeine, immer wiederkehrende Folge handelt.

1.2 Fall 2: Der irreale (nicht mehr mögliche) Bedingungssatz der Gegenwart

Er drückt eine nicht-wirkliche, nicht mehr mögliche Bedingung aus
und die Folge, die diese Bedingung hätte.
Bedingung und Folge beziehen sich auf die Gegenwart.

Si j'étais riche, j'aiderais tout le monde.
Wenn ich reich wäre, würde ich jedem helfen.

> **Bedingung:** *si* + *imparfait*,
> **Folge:** *conditionnel présent*

1.3 Fall 3: Der irreale (nicht mehr mögliche) Bedingungsatz der Vergangenheit

Er drückt eine nicht-wirkliche, nicht mehr mögliche Bedingung aus
und die Folge, die diese Bedingung gehabt hätte.
Bedingung und Folge beziehen sich auf die Vergangenheit.

Si tu m'avais informé(e), je serais venu(e) au rendez-vous.
Wenn Du mich informiert hättest, wäre ich zum Treffen gekommen.

> **Bedingung:** *si* + *plus-que-parfait*,
> **Folge:** *conditionnel passé*
> Nach *si* = wenn/falls steht kein Futur und kein Konditional!
> Anders ist es nach *si* = ob in der indirekten Rede.

1.4 Sonderfall

Manchmal werden die typischen Fälle 2 und 3 auch vermischt wie im folgenden Beispiel:

Si j'avais fait attention, je ne serais pas malade.
Wenn ich aufgepasst hätte, wäre ich nicht krank.

> **Bedingung in der Vergangenheit:**
> *Si* + *plus-que-parfait*,
> **Folge in der Gegenwart:**
> *conditionnel présent*

2   *La concordance des temps* (die Zeitenfolge)

2.1 Die Bedeutung der *concordance des temps*

Die *concordance des temps* regelt die Zeiten der Verben in einem Satzgefüge z. B. aus Hauptsatz und Nebensatz. Besonders wichtig ist die *concordance des temps* beim *discours indirect* (indirekte Rede) und bei der *interrogation indirecte* (indirekte Frage).

discours indirect: *Il m'a dit qu'il était malade.*

Der Nebensatz wird immer eingeleitet durch *que* = dass.

interrogation indirecte: *Il m'a demandé si j'étais malade.*

Il m'a demandé où j'allais.

Der Nebensatz wird eingeleitet durch *si* = ob, wenn es sich um eine Entscheidungsfrage (Antwort: ja/nein) handelt und bei Ergänzungsfragen (Antwort: genauere Auskunft) durch das **Fragepronomen**.

> 1. Wie im Deutschen und im Englischen **verändern sich** in der indirekten Rede und in der indirekten Frage **die Pronomen**: siehe die Sätze 2, 4, 5, 8, 9 und 10 von Exercice 3
> 2. Im Gegensatz zum Deutschen und Englischen muss in der indirekten Rede das einleitende *que* = dass **immer** stehen.

2.2 Der Gebrauch der *concordance des temps*

Für die Zeitenfolge in der indirekten Rede und in der indirekten Frage ist **entscheidend, in welcher Zeit das Verb des die indirekte Rede einleitenden Hauptsatzes steht**: in einer Zeit der Gegenwart oder in einer Zeit der Vergangenheit.

Wenn das **Verb des Hauptsatzes** (= das Verb, das die indirekte Rede/Frage einleitet) in einer **Zeit der Gegenwart** steht, spielen die **Regeln der Zeitenfolge keine Rolle**: Das Verb des Nebensatzes steht in der Zeit, die der Situation entspricht:

Il m'explique qu'il est malade/qu'il était malade/qu'il sera malade.
Il me demande si mon frère est malade/était malade/sera malade.
Il me demande où je vais/j'allais/j'irai

Wenn das **Verb des Hauptsatzes** (= das Verb, das die indirekte Rede/Frage einleitet) in einer **Zeit der Vergangenheit steht, dann gelten folgende Regeln:**

direkte Rede/Frage	indirekte Rede/Frage
présent	*imparfait*
passé composé	*plus-que-parfait*
futur	*conditionnel présent*

Imparfait und *conditionnel* in der direkten Rede/Frage **bleiben so** auch **in der indirekten Rede/Frage.**

Exercice 1 – Traduisez.

1. Wenn es morgen schön ist, machen wir einen Ausflug.

2. Wenn es schön ist, machen wir einen Ausflug.

3. Wenn es schön wäre, würden wir einen Ausflug machen.

4. Wenn es schön gewesen wäre, hätten wir einen Ausflug gemacht.

5. Wenn ich gute Ideen hätte, würde ich einen berühmten Roman schreiben.

pünktlich sein – être à l'heure
6. Wenn ich ein wenig renne, bin ich dieses Mal pünktlich.

7. Wenn Ihr mich angerufen hättet, hätte ich Euch gesagt, dass ich keine Zeit hatte.

8. Wenn wir unsere Arbeit schnell machen, können wir dich ins Kino begleiten.

die Wahrheit – la vérité
9. Wenn ihr die Wahrheit sagen würdet, wären alle sehr zufrieden.

eine Schulaufgabe
– une interrogation écrite
10. Wenn er sich besser auf die Schulaufgabe vorbereitet hätte, wäre seine Note besser gewesen.

11. Wenn es morgen früh regnet, bleiben wir daheim.

Exercice 2 – Formez toujours une phrase conditionnelle.

In dieser Übung werden in der Aufgabenstellung einzelne Situationen beschrieben. In jeder Situation sind eine Bedingung und eine Folge enthalten. Es ist ein zutreffender Bedingungssatz mit „si" zu bilden.

Beispiel:

Du willst den Führerschein machen, aber du bist noch nicht 18 Jahre alt.

Si tu avais18 ans, tu passerais le permis de conduire.

1. Du würdest gerne ins Kino gehen, aber Du hast keine Zeit.

mit dem Fahrrad wegfahren
– partir en vélo/à bicyclette
2. Ihr hofft, dass es morgen schön wird, dann fahrt ihr mit dem Fahrrad weg.

3. Letztes Wochenende wollten wir Ski fahren, aber es gab keinen Schnee.

4. Er hatte ein Bier zuviel getrunken, also konnte er nicht im Auto nach Hause fahren.

ein Bier zu viel
– une bière de trop

5. Ich spiele heute Nachmittag mit meinen Freunden Fußball, aber zuerst mach ich die Hausaufgaben!

6. Ich hätte mit meinen Freunden Fußball spielen können, aber ich hatte meine Hausaufgaben nicht gemacht.

Exercice 3 – Mettez les phrases au discours indirect ou à l'interrogation indirecte.

Un vrai copain

1. Mon copain dit toujours: «Le football est le sport le plus intéressant.»

2. Et il ajoute: «La prochaine fois, tu m'accompagneras.»

3. Hier, il m'a dit au téléphone: «Il y a un match de foot dans une heure.»

4. Il m'a demandé: «Est-ce que tu veux m'accompagner?»

5. Il m'a expliqué: «Tu seras vraiment content parce qu'une très bonne équipe française jouera.»

6. Je lui ai répondu: «Je suis d'accord.»

7. Et je lui ai demandé: «Combien est-ce que je dois payer pour l'entrée?»

8. Il m'a dit : «Tu ne dois rien payer.»

9. Et il a ajouté: «Mon père m'a donné deux billets.»

10. Et moi, j'ai encore dit: «Tu es un vrai copain.»

Exercice 4 – Traduisez.

Vive les vacances en famille!

1. Ferien in den Bergen? Meine Eltern dachten, dort sei es sehr schön.

2. Meine Schwester hat wissen wollen, ob wir auch hohe Berge besteigen würden.

   Einen Berg besteigen – escalader une montagne

3. Ich habe ihr geantwortet, dass sie unten bleiben könne, wenn sie Angst hätte.

   unten bleiben – rester en bas

4. Sie hat einfach gesagt, ich sei ein Idiot.

5. Dann haben meine Eltern erklärt, dass wir in die Berge fahren würden, weil die Luft gut sei, weil man schöne Spaziergänge machen könne und weil man nette Menschen treffe.

   die Luft – l'air (m.)

6. Meine Schwester und ich, wir fanden, dass das Alles nicht sehr interessant sei und haben gesagt, dass wir zu Hause bleiben wollten.

7. Da ist mein Vater zornig geworden und hat uns gefragt, ob wir verrückt geworden seien. Und er hat hinzugefügt, dass wir Egoisten seien.

   zornig werden – se mettre en colère
   ein Egoist – un égoïste

8. Schließlich sind wird doch in die Berge gefahren. Man weiß ja, die Klügeren geben nach!

   doch – hier: quand même
   der Klügere gibt nach – le plus malin finit toujours par céder

---

Im Deutschen steht oft in der indirekten Rede der Konjunktiv. Im Französischen dafür eine Zeit des Indikativs:

Chantal hat gesagt, sie **sei** krank.
– *Chantal a dit qu'elle **était** malade.*

PASSIV
Le passif

Ähnlich wie im Deutschen kann man im Französischen einen **Sachverhalt** entweder **aktiv** oder **passiv ausdrücken**:
Le prof interroge les élèves. (aktiv)
Les élèves sont interrogés par le prof. (passiv)

1 Bildung

Das Passiv wird gebildet mit der **entsprechenden Form** von *être* und dem *participe passé* des jeweiligen Verbs.

je	suis	interrogé(e)	
tu	es	interrogé(e)	
il/elle/on	est	interrogé(e)	*par le prof*
nous	sommes	interrogé(e)s	
vous	êtes	interrogé(e)(s)	
ils/elles	sont	interrogé(e)s	

Wie beim *passé composé* mit *être* muss beim **Passiv** das *participe passé* **dem Subjekt angeglichen** werden.
*Pierre est interrog**é** par le prof.*
*Marie est interrog**ée** par le prof.*
*Les élèves sont interrog**és** par le prof.*

Das Passiv kann in jedem Tempus und jedem Modus gebildet werden.

Tempus und **Modus** werden **durch** die **entsprechende Form von *être* ausgedrückt.**
*Pierre **a été interrogé** par le prof hier. (passé composé)*
*Tu **es interrogé(e)** par le prof aujourd'hui. (présent)*
*Marie **sera interrogée** par le prof demain. (futur)*
*Il faut que les élèves **soient interrogés** par le prof. (subjonctif)*
*Les élèves **seraient interrogés** par le prof s'il n'était pas malade. (condit onnel)*

Einen **passiven Satz** kann man nur mit **Verben** bilden, die ein **direktes Objekt** zulassen. Das direkte **Objekt** des **aktiven Satz** wird dann zum **Subjekt** des **passiven Satz**. Das **Subjekt** des **aktiven Satz** wird zum **Urheber** *(agent)* der Handlung und kann durch *par* angeschlossen werden.

100 millions de personnes	parlent	le français.
(sujet)	(verbe actif)	(objet direct)
Le français	**est parlé**	par 100 millions de personnes.
(sujet)	(verbe passif)	(agent)

Verben mit **indirektem Objekt** können also **kein Passiv** bilden:

Les élèves	répondent	à la question.
(sujet)	(verbe actif)	(objet indirect)
~~La question~~	~~est répondue~~	~~par les élèves.~~

Die Verneinung bildet eine Klammer um das Verb *être* bzw. um das **Hilfsverb. Dazugehörige Objektpronomen** stehen unmittelbar **vor** dem Verb *être* bzw. vor dem **Hilfsverb**:
Noël n'est pas célébré partout de la même façon.
Le prix Nobel de physique lui a été remis hier à Stockolm.
La lettre ne lui a pas été envoyée.

> Weil manche Verben im Deutschen ein direktes und im Französischen ein indirektes Objekt haben, **entspricht ein deutscher Passivsatz nicht immer einem französischen Passivsatz:**
> *Die Frage wurde richtig beantwortet.* (eine Frage beantworten)
> *On a répondu correctement à la question.* (répondre à une question)
> **Tipp: Das Verb immer samt seiner Ergänzung(en) lernen.**

Wenn im **aktiven Satz** ein **Infinitiv auf ein konjugiertes Verb folgt**, bleibt diese **Struktur** im **passiven Satz erhalten**. Das **Passiv** wird dann **durch den Infinitiv** ausgedrückt:
Les élèves doivent remettre la traduction avant vendredi.
La traduction doit être remise avant vendredi.

2   Gebrauch

Das **Passiv** stellt das Geschehen aus einer **anderen Perspektive** dar, indem es die **Handlung** in den **Vordergrund**
stellt. Das **Subjekt** ist nicht Täter, sondern **derjenige, dem etwas zugefügt wird.**
Der **Urheber** der Handlung wird **oft nicht erwähnt**, besonders, wenn er **unwichtig** (a),
unbekannt (b) oder vielleicht **allgemein bekannt** ist (c):

(a) *Hier soir, une femme de quarante ans a été retrouvée sans vie dans sa voiture.*
(b) *Le fils d'un riche banquier a été kidnappé en fin d'après-midi, à la sortie de l'école.*
(c) *Noël est célébré le 25 décembre.*

Manchmal wird das **Passiv** aber auch verwendet, um den **Urheber** der **Handlung** besonders **hervorzuheben**.
Es **entspricht** dann einer *Mise en relief* mit *C'est ... qui ...*:

Québec a été fondé en 1608 par Samuel de Champlain.
(C'est Samuel de Champlain qui a fondé Québec en 1608.)

In der **gesprochenen Sprache** wird **häufig anstelle eines Passivsatzes** ein **Aktivsatz** mit *on* bevorzugt.
Schriftsprache: *Un nouveau médicament contre le sida a été découvert.*
Gesprochene Sprache: *On a découvert un nouveau médicament contre le sida.*

3   Das deutsche Passiv und seine französischen Entsprechungen

Ein deutsches Passiv entspricht nicht immer einer französischen Passivkonstruktion:

Während im **Deutschen** eine **Passivkonstruktion ohne Subjekt** erlaubt ist, ist diese im **Französischen unzulässig.**
Deshalb wird eine solche Passivkonstruktion **durch einen Aktivsatz mit** *on* **wiedergegeben:**
Während des Unterrichts wird nicht gesprochen. → *On ne parle pas pendant le cours.*
Gestern abend wurde viel getanzt. → *On a beaucoup dansé hier soir.*

In anderen Fällen wird das **deutsche Passiv** durch einen **Aktivsatz mit reflexivem Verb** wiedergegeben:
Wie wird dein Name geschrieben? → *Comment s'écrit ton nom?*
Der Käse wird vor dem Nachtisch gegessen. → *Le fromage se mange avant le dessert.*

Exercise 1 – Mettez les phrases à la forme passive.

1. Les élèves traduisent les phrases.

2. Les policiers interrogent le suspect.

un suspect – ein Verdächtigter

3. La fumée de cigarette dérange les non-fumeurs.

4. Ce comédien nous amuse toujours.

5. Plus d'un million de personnes lisent ce journal tous les jours.

6. Mme Samson, le directeur vous appelle.

7. La mort de ma grand-mère m'attriste.

la mort – der Tod
attrister – traurig machen

8. Ton père t'attend à la sortie de l'école.

9. Dans le petit chaperon rouge, le méchant loup mange la grand-mère.

le petit chaperon rouge
– Rotkäppchen

10. Ce fermier fait les meilleurs fromages.

fermier – Bauer, Landwirt

11. Des millions de gens regardent les émissions de télé-réalité.

une émission de téléréalite
– eine Doku-Soap

12. On ne tolère pas les portables à l'école.

13. Les lignes aériennes n'acceptent pas les objets tranchants à bord des avions.

une ligne aérienne
– eine Fluggesellschaft
tranchant – scharf

**Exercice 2 – Mettez les phrases à la forme passive en respectant le temps
et le mode.**

1. Christophe Colomb a découvert l'Amérique en 1492.

une commune – eine Gemeinde
2. L'année prochaine, la commune construira un nouveau terrain de foot.

3. Dans les années soixante, tout le monde chantait les chansons de Johnny Hallyday.

4. Il faut que tous les élèves apprennent les conjugaisons.

en raison de – aufgrund von
un aéroport – ein Flughafen
5. En raison du mauvais temps, on a fermé l'aéroport.

faute de qch – mangels etw.
6. Faute d'argent, la ville n'a pas rénové la bilbiothèque.

7. Dans un mois, il aura publié son troisième roman.

un voyou – ein Ganove
8. Sans l'intervention de la police, une bande de voyous aurait attaqué la vieille dame.

9. La police de Scoltland Yard a arrêté des terroristes, hier matin à Londres.
   On les recherchait depuis plus d'un an.

La flûte enchantée
– die Zauberflöte
10. On présente La flûte enchantée de Mozart à l'opéra, ce soir.

**Exercice 3 – Mettez les phrases à la forme passive en respectant le temps et le
mode, comme dans l'exercice précédent.**

1. Mon père veut qu'on fasse nos devoirs avant le dîner.

2. Il a dit que les enfants n'avaient pas cassé la fenêtre.

3. Le directeur récompensera le meilleur élève de l'école.

4. C'est un architecte chinois qui a construit la pyramide du Louvre.

5. Chaque année, des couples français adoptent des enfants étrangers.

6. Si les Espagnols avaient découvert le Québec, on n'y parlerait pas le français aujourd'hui.

7. Quand elle est arrivée sur les lieux de l'accident, on avait déjà transporté son fils et son mari à l'hôpital.

8. La dernière fois que j'étais à Paris, on ne pouvait pas visiter Notre-Dame à cause des rénovations.

9. Dans deux ans, la ville aura reconstruit cette vieille église.

10. On doit toujours montrer le passeport à l'embarquement.

l'embarquement – das Einsteigen

Exercice 4 – Traduisez les phrases suivantes.
Utilisez une construction passive quand c'est possible.

Villes célèbres: hier et aujourd'hui

I Paris

vor Christus – avant Jésus Christ
etw. gründen – fonder qch

1. Paris wurde im 3. Jahrhundert vor Christus gegründet.

2. Die Kathedrale Notre-Dame wurde zwischen 1163 und 1330 gebaut.

3. Der Eiffelturm, der von den Parisern zuerst Giraffe genannt wurde, wurde für die Weltausstellung 1889 gebaut.

4. Heute wird Paris auch die Stadt der Mode genannt, da die letzten Kreationen der Haute Couture hier präsentiert werden.

da – là

5. Die Touristen lieben vor allem die Atmosphäre in den Pariser Bistrots. Da wird getrunken und gegessen, aber auch Zeitung gelesen oder ganz einfach geplaudert.

II Rio de Janeiro

die Festung – la forteresse
die Bucht – la baie
etw. besiedeln – peupler qch

1. Die Festung Coligny wurde von den Franzosen 1555 in der Bucht von Rio de Janeiro gebaut, die zuerst von den Tamoio-Indianern besiedelt worden war.

jdn. vertreiben – chasser qn
etw. in etw. umbenennen
– renommer qch

2. 1565, nachdem die Franzosen von den Portugiesen vertrieben worden waren, wurde die Stadt in São Sebastião do Rio de Janeiro umbenannt.

etw. errichten – ériger qch

3. Die Statue des Jesus Christo Redentor wurde 1931 auf Rios höchstem Berg errichtet.

Brasilien – le Brésil

4. In Brasilien spielt der Strand eine wichtige Rolle. An den Stränden von Copacabana und Ipanema wird selbstverständlich gebadet, dort wird aber auch gern gefeiert.

der Karneval – le carnaval

5. Gefeiert wird auch während Rios berühmten Karnevals. Auf den Straßen wird die ganze Nacht Samba getanzt.

ein/e Brasilianer/in
– un/e Brésilien/ne
ein Spiel augetragen
– disputer un match
ein Star – une star
jdn. umjubeln – acclamer qn
ein/e Zuschauer/in
– un/e spectateur/trice

6. Der beliebtester Sport der Brasilianer ist Fußball. Viele Spiele werden im Maracanã-Stadion ausgetragen, wo die nationalen Fußballstars von mehr als 100 000 Zuschauern umjubelt werden können.

Exercice 5 – Mettez les phrases à la forme active. Respectez le temps et le mode.

1. Chaque année, au printemps, la cour de récréation est nettoyée par les élèves.
   Les bouteilles vides et les déchets y sont ramassés.

   nettoyer qch
      – etw. saubermachen
   une cour de récréation
      – ein Pausenhof
   les déchets – der Müll

2. Quand ils sont arrivés à la fête, le buffet avait déjà été mangé par les autres invités.

3. La semaine dernière, une nouvelle loi antitabac a été adoptée par le parlement.
   La cigarette sera interdite par la loi dans les endroits publics.
   Ainsi, un environnement sain sera assuré à tout le monde.

   une loi antitabac
      – ein Gesetz zum Schutz der
        Nichtraucher
   adopter une loi
      – ein Gesetz verabschieden
   assurer qch – etw. versichern
   un environnement sain
      – eine gesunde Umwelt

4. Mes parents veulent toujours que mes devoirs soient faits avant le dîner.

5. Les traductions ne seront pas corrigées par le professeur si elles ne sont pas rendues
   par les élèves avant vendredi. Les notes vont être remises par le professeur lundi matin.

   rendre/remettre qch
      – hier etw. abgeben

6. Les bâtiments historiques ayant été détruits par les inondations, la vieille ville ne peut
   plus être visitée par les touristes.

   un bâtiment – ein Gebäude
   une inondation
      – eine Überschwemmung

7. Si les terroristes avaient été arrêtés plus tôt par la police, les attentats auraient pu être
   évités et des vies auraient pu être sauvées.

   éviter qch – etw. vermeiden
   une vie – ein Leben
   sauver qn/qch – jdn./etw. retten

Exercice 6 – Remplacez les phrases passives par des phrases actives du type « C'est … / Ce sont … qui … » ou vice versa.

Beispiele:

La dynamite a été découverte par Alfred Nobel en 1867.

C'est Alfred Nobel qui a découvert la dynamite en 1867.

C'est Édith Piaf qui chantait la chanson « La vie en rose ».

La chanson « La vie en rose » était chantée par Édith Piaf.

1. Le film E.T. a été réalisé par Steven Spielberg.

2. Ce sont les élèves de Madame Samson qui présentent la pièce de théâtre.

3. La panne d'électricité a été causée par la tempête.

4. Le Canada a d'abord été colonisé par les Français.

5. C'est la police de Scotland Yard qui a arrêté les kidnappeurs.

6. Le nouvel hôpital sera inauguré par le Prince Charles.

7. Ce sont des enfants qui jouaient au foot qui ont cassé la fenêtre.

8. C'est l'Académie du film américain qui remet les Oscars chaque année.

les dettes – die Schulden
rembourser qch
 – etw. zurückzahlen

9. Ses dettes devront être remboursées par son ex-mari.

les dégâts – die Schäden,
Verwüstungen

10. Les dégâts auraient dû être nettoyés par les vandales eux-mêmes.

11. Ce n'est pas Jean Reno mais Gérard Depardieu qui a joué Cyranno de Bergerac au cinéma.

12. Cette maison avait été construite par mon arrière-grand-père.

DIE FORMEN AUF -*ANT*:

Le gérondif, le participe présent et l'adjectif verbal: les formes sur -ant

1 Das *gérondif*

*Mon père chante toujours **en travaillant**.*
*Emma perfectionne son français **en regardant** TV5 tous les jours.*

1.1 Bildung

Das *gérondif* setzt sich aus der **Präposition** *en* **und** einer -*ant*-Form zusammen.
Diese wird mit dem **Stamm** der **1. Person Plural des Präsens** und der **Endung -ant** gebildet.

nous **mangeons**	nous **finissons**	nous **attendons**	nous **faisons**
(en) **mangeant**	(en) **finissant**	(en) **attendant**	(en) **faisant**

Ausnahmen: être: (en) étant   avoir: (en) ayant   savoir: (en) sachant

1.2 Bedeutung

Das *gérondif* **dient dazu, Sätze zu verkürzen**, wobei es **andere Konstruktionen ersetzt**.
Es wird sowohl in der **gesprochenen** als in der **geschriebenen Sprache** verwendet.
Seine Verwendung setzt **dasselbe Subjekt in den zu verbindenden Satzteilen** voraus.
Das *gérondif* ist **unveränderlich**.
Es **ersetzt andere Konstruktionen** bei:

1.2.1 Gleichzeitigkeit von zwei Handlungen

Das *gérondif* kann einen **temporalen Satz ersetzen**, um auszudrücken,
dass **zwei Handlungen gleichzeitig statt finden**.

*Elle écoute de la musique **en faisant** ses devoirs.*
*(Elle écoute de la musique **pendant qu'elle fait ses devoirs**.)*

Das Adverb *tout* kann diese Gleichzeitigkeit hervorheben, besonders wenn es sich um **zwei gleichzeitige Handlungen** handelt, die eigentlich **nicht zusammenpassen**.
*Elle élève seule ses deux enfants **tout en faisant des études de médecine**.*
Sie erzieht allein ihre zwei Kinder **und studiert dabei Medizin**.

Da *tout* + *gérondif* **gegensätzliche Handlungen verbindet**, wird damit **oft** auch ein **Zugeständnis** ausgedrückt.
*Il mange des noix **tout en sachant** qu'il y est allergique.*
Er isst Nüsse, **obwohl er weiß**, dass er darauf allergisch ist.

1.2.2 einer Bedingung

Das *gérondif* kann einen **durch** *si* eingeleiteten **Bedingungssatz ersetzen**.
***En travaillant** fort, tu réussiras l'examen.*
*(**Si tu travailles** fort, tu réussiras l'examen.)*

1.2.3 der Art und Weise

Das *gérondif* kann die **Art und Weise, wie eine Handlung** durchgeführt wird, ausdrücken.

*Il est devenu célèbre **en écrivant des best-sellers**.*
Er wurde berühmt, indem er Bestsellers schrieb.

*Son petit frère est rentré à la maison **en pleurant**.*
Ihr kleiner Bruder kam weinend nach Hause.

> Das *gérondif der Art und Weise* wird meist durch einen Ausdruck wie **...dadurch, dass ...,** **indem ...,** durch + verbales Substantiv oder ein Partizip Präsens wiedergegeben.

2 Das *participe présent*

Les animaux **dormant** *le jour et* **vivant** *la nuit sont des animaux nocturnes.*
Travaillant *la nuit, il dort toute la journée.*

2.1 Bildung

Das *participe présent* besteht aus einer **-ant-Form**, die **wie beim** *gérondif* mit dem **Stamm** der **1. Person Plural des Präsens** und der **Endung -ant** gebildet wird. (**Siehe 1.1**). Das *participe présent* ist stets **unveränderlich.**

2.2 Bedeutung

Das *participe présent* wird hauptsächlich in der **geschriebenen, gehobenen Sprache** verwendet.
Wie das *gérondif* dient das *participe présent* dazu, **andere Konstruktionene zu ersetzen** und dabei **Sätze zu verkürzen.** Das *participe présent* ersetzt vor allem:

2.2.1. einen Kausalsatz

Das *participe présent* drückt eine Ursache aus.
Souffrant d'un mal de tête, il n'est pas allé à la fête.
(Comme il souffrait d'un mal de tête, ...)
(Il n'est pas allé à la fête parce qu'il souffrait d'un mal de tête.)

> Drückt das *participe présent*
> eine **Ursache** aus, dann
> wird es **meistens** an den
> **Satzanfang** gestellt!

2.2.2 einen Relativsatz

Der durch das *participe présent* ersetzte Relativsatz **bezieht sich** auf das **Subjekt** des **Hauptsatzes.**
Un homme **portant** *un grand chapeau noir est sorti de l'immeuble vers 19 heures.*
(Un homme **qui portait** *un grand chapeau noir ...)*

Der durch das *participe présent* ersetzte Relativsatz **bezieht sich** auf das **Objekt** des **Hauptsatzes.**
Dies geschieht

* **nach Verben der Wahrnehmung** wie *voir, apercevoir, entendre* usw.
* und den **Verben** *découvrir, surprendre* (surprendre qn – jdn. überraschen)**,** *(re)trouver* und *rencontrer.*

  Des témoins **ont vu** *un homme bizarre* **quittant** *la banque vers 15 heures.*
  (Des témoins ont vu un homme bizarre **qui quittait** *...)*

  Le directeur **a surpris** *les élèves* **buvant** *de la bière pendant la récré.*
  (Le directeur **a surpris** *les élèves* **qui buvaient** *...)*

Vergleiche!
J'ai vu une femme suspecte **quittant** *la bijouterie.*
(J'ai vu une femme suspecte **qui quittait** *la bijouterie.)*
J'ai vu une femme suspecte **en quittant** *la bijouterie.*
(J'ai vu une femme suspecte **pendant que je quittais** *la bijouterie.)*

3 Merkmale

* Das *gérondif* und das *participe présent* sind beide **unveränderlich.**
  Il/Elle écoute de la musique **en faisant** *ses devoirs.*
  Une femme/Un homme **portant** *des lunettes noires a quitté la banque à 15 heures.*

* Die **-ant-Formen** drücken **keine feste Zeit** aus. Sie können also **mit jedem Tempus** kombiniert werden.
  Elle a appris le français **en allant** *souvent en France.*
  Elle apprend le français **en allant** *souvent en France.*
  Elle apprendra le français **en allant** *souvent en France*

  Man kann allerdings mit **ayant/étant + participe passé** die **Vorzeitigkeit** eines Geschehens im Nebensatz ausdrücken.
  ***Ayant fait** des études en France, elle maîtrise parfaitement le français.*
  ***Tout en ayant travaillé** fort, il n'a pas réussi l'examen.*

* Im Gegensatz zum *gérondif* muss das *participe présent* ein **Objekt bei sich haben.**
  Il lit le journal **en mangeant.**
  ***Mangeant** trop de sucreries, elle a beaucoup de caries.*

* In der Regel **muss das Subjekt der -ant-Form mit dem Subjekt des Hauptsatzes identisch sein.**
  (Ausnahme siehe 2.2.2)

- Bei **reflexiven Verben** steht das **Reflexivpronomen vor** der **-*ant*-Form**,
  bzw. **zwischen** der Präposition *en* und der **-*ant*-Form**.

  Se sentant malade, elle est rentrée à la maison.
  En me promenant dans la forêt hier, j'ai vu un sanglier (un sanglier – ein Wildschwein).

- **Objektpronomen** stehen **unmittelbar vor** der **-*ant*-Form**.

  La voyant frissonner, il a donné sa veste à Andréanne.
  Il aide son petit frère en lui donnant un coup de main avec ses leçons.

- Die **Verneinung** bildet eine **Klammer um die -*ant*-Form** und die **davor stehenden Objektpronomen**.

  Ne les aimant pas, elle n'a pas mangé de crevettes.
  En ne mangeant jamais de fruits et légumes tu tomberas un jour malade.

4 Das *adjectif verbal*

Das ***participe présent*** kann auch als **Adjektiv verwendet** werden. Man spricht dann von einem ***adjectif verbal***.
Es verhält sich wie ein gewöhnliches Adjektiv, das heißt es **richtet sich** nach dem **Substantiv**, worauf es sich
bezieht. Es kann sowohl **prädikativ** als **attributiv** verwendet werden.

> Im Gegensatz zum *Participe présent* braucht das **Adjectif verbal keine Objektergänzung**.

*Ce livre est **intéressant**. C'est un livre **intéressant**.*
*Cette histoire est **intéressante**. C'est une histoire **intéressante**.*
*Ces histoires sont **intéressantes**. Ce sont des histoires **intéressantes**.*

Vergleiche: *C'est une histoire amusante.*   ***adjectif verbal*** → **Angleichung**
        C'est une histoire amusant les enfants.   **(*participe présent* → keine Angleichung)**

Vor dem Gebrauch eines ***adjectif verbal*** sollte man am besten im **Wörterbuch nachschauen** weil:

- manche ***participe présent*** kein entsprechendes ***adjectif verbal*** haben.

- ***Adjectif verbal*** und ***participe présent*** können **unterschiedliche Bedeutungen** haben.

  participe présent
  *un médecin **traitant** un malade* (ein Arzt, der einen Kranken behandelt)

  adjectif verbal
  *un médecin **traitant*** (ein Hausarzt)

- ***Adjectif verbal*** und ***participe présent*** können auch **unterschiedliche Schreibweisen** haben.

  Participe présent
  *un élève **négligeant** ses devoirs* (ein Schüler, der seine Hausaufgaben vernachlässigt)

  Adjectif verbal
  *un élève **négligent*** (ein nachlässiger Schüler)

Participes présents und **adjectifs verbaux** mit **unterschiedlichen Schreibweisen**:

verbe	participe présent	adjectif verbal
différer de qch	différant	différent
négliger qn / qch	négligeant	négligent
précéder qch	précédant	précédent
provoquer qch	provoquant	provocant
fatiguer qn	fatiguant	fatigant

5 Deutsches Partizip Präsens im Vergleich zum französischen *participe présent*

Ein **deutsches Partizip Präsens** wird **unterschiedlich wiedergegeben**:

ein weinendes Kind	*un enfant qui pleure*	Relativsatz
ein blühender Baum	*un arbre en fleurs*	präpositionaler Ausdruck
ein brennendes Licht	*une lumière allumée*	*Participe passé*
der entscheidende Moment	*le moment décisif*	normales Adjektiv
ein Klavier spielendes Kind	*un enfant jouant du piano/* *un enfant qui joue du piano*	*Participe présent/* Relativsatz

Exercice 1 – Trouvez les formes en -ant.

1. aller: ⬚⬚⬚⬚⬚⬚⬚⬚⬚
2. faire: ⬚⬚⬚⬚⬚⬚⬚⬚⬚
3. pouvoir: ⬚⬚⬚⬚⬚⬚⬚⬚
4. boire: ⬚⬚⬚⬚⬚⬚⬚⬚⬚
5. vouloir: ⬚⬚⬚⬚⬚⬚⬚⬚
6. manger: ⬚⬚⬚⬚⬚⬚⬚⬚
7. finir: ⬚⬚⬚⬚⬚⬚⬚⬚
8. savoir: ⬚⬚⬚⬚⬚⬚⬚⬚
9. dormir: ⬚⬚⬚⬚⬚⬚⬚⬚
10. lire: ⬚⬚⬚⬚⬚⬚⬚⬚
11. conduire: ⬚⬚⬚⬚⬚⬚⬚⬚
12. commencer: ⬚⬚⬚⬚⬚⬚⬚⬚
13. écrire: ⬚⬚⬚⬚⬚⬚⬚⬚
14. se taire: ⬚⬚⬚⬚⬚⬚⬚⬚
15. attendre: ⬚⬚⬚⬚⬚⬚⬚⬚
16. prendre: ⬚⬚⬚⬚⬚⬚⬚⬚
17. voir: ⬚⬚⬚⬚⬚⬚⬚⬚
18. réfléchir: ⬚⬚⬚⬚⬚⬚⬚⬚
19. partir: ⬚⬚⬚⬚⬚⬚⬚⬚
20. connaître: ⬚⬚⬚⬚⬚⬚⬚⬚
21. payer: ⬚⬚⬚⬚⬚⬚⬚⬚
22. dire: ⬚⬚⬚⬚⬚⬚⬚⬚
23. recevoir: ⬚⬚⬚⬚⬚⬚⬚⬚
24. devoir: ⬚⬚⬚⬚⬚⬚⬚⬚
25. s'asseoir: ⬚⬚⬚⬚⬚⬚⬚⬚

Exercice 2 – Complétez les phrases en mettant les verbes au gérondif.

1. Marie parle quelquefois ⬚⬚⬚⬚⬚⬚ (dormir).

2. Ma petite sœur Sophie a perdu une dent ⬚⬚⬚⬚⬚⬚ (mordre) dans une pomme.

3. ⬚⬚⬚⬚⬚⬚ (entrer) dans la chambre à coucher les policiers ont découvert la victime.

4. Tu arriveras à l'heure *en* ⬚⬚⬚⬚⬚⬚ (se dépêcher).

5. Nous avons réussi à faire fonctionner la nouvelle télé ⬚⬚⬚⬚⬚⬚ (suivre) les instructions.

6. Ce n'est pas ⬚⬚⬚⬚⬚⬚ (se plaindre) que tu régleras ton problème!

7. ⬚⬚⬚⬚⬚⬚ (faire) plus de sport vous seriez en meilleure forme.

8. Il a maigri ⬚⬚⬚⬚⬚⬚ (ne plus manger) de chocolat.

9. Mon grand-père a demandé ma grand-mère en mariage ⬚⬚⬚⬚⬚⬚ (lui/offrir) des roses.

10. ⬚⬚⬚⬚⬚⬚ (la/voir), l'enfant a couru dans les bras de sa mère.

11. J'aime faire des photos ⬚⬚⬚⬚⬚⬚ (se promener) dans la forêt.

12. ⬚⬚⬚⬚⬚⬚ (réfléchir) avant d'écrire, Samuel ferait moins de fautes en dictée.

13. Comme ils avaient bien travaillé, le prof a récompensé les élèves ⬚⬚⬚⬚⬚⬚ (ne pas/leur/donner) de devoirs aujourd'hui.

mordre dans qch – in etw. beißen

la victime – das Opfer

maigrir – abnehmen

récompenser qn – jdn. belohnen

Exercice 3 – Donnez la signification du gérondif. (Welche Bedeutung hat das Gérondif? Gleichzeitigkeit, Zugeständnis, Art und Weise oder Bedingung?)

1. En regardant le vieil album de photos, elle se rappelait sa jeunesse.

    ☐ Gleichzeitigkeit   ☐ Zugeständnis   ☐ Art und Weise   ☐ Bedingung

2. Nous achetons toutes les semaines un billet de loterie, tout en sachant que nous avons peu de chances de gagner le gros lot.

    ☐ Gleichzeitigkeit   ☐ Zugeständnis   ☐ Art und Weise   ☐ Bedingung

3. Mes parents se sont payé une croisière en économisant depuis des années.

    ☐ Gleichzeitigkeit   ☐ Zugeständnis   ☐ Art und Weise   ☐ Bedingung

    une croisière – eine Kreuzfahrt
    économiser – sparen

4. En descendant du train, je l'ai aperçu sur le quai.

    ☐ Gleichzeitigkeit   ☐ Zugeständnis   ☐ Art und Weise   ☐ Bedingung

5. Pierre veut faire des études d'allemand tout en sachant qu'il n'a aucun talent pour les langues.

    ☐ Gleichzeitigkeit   ☐ Zugeständnis   ☐ Art und Weise   ☐ Bedingung

6. En prenant le train un peu plus tôt, tu serais arrivé à l'heure.

    ☐ Gleichzeitigkeit   ☐ Zugeständnis   ☐ Art und Weise   ☐ Bedingung

7. Les protestataires ont obtenu la libération des prisonniers politiques en faisant la grève de la faim.

    ☐ Gleichzeitigkeit   ☐ Zugeständnis   ☐ Art und Weise   ☐ Bedingung

    la libération – die Befreiung
    un prisonnier – ein Gefangener
    une grève de la faim
    – ein Hungerstreik

8. En ne disant que des mensonges tu n'auras bientôt plus beaucoup d'amis.

    ☐ Gleichzeitigkeit   ☐ Zugeständnis   ☐ Art und Weise   ☐ Bedingung

9. Mon père repasse toujours ses chemises en regardant la télévision.

    ☐ Gleichzeitigkeit   ☐ Zugeständnis   ☐ Art und Weise   ☐ Bedingung

    repasser qch – etw. bügeln

10. En prenant de la vitamine C tous les jours vous n'aurez jamais le rhume.

    ☐ Gleichzeitigkeit   ☐ Zugeständnis   ☐ Art und Weise   ☐ Bedingung

11. En faisant des courses au centre ville nous avons rencontré ma tante.

    ☐ Gleichzeitigkeit   ☐ Zugeständnis   ☐ Art und Weise   ☐ Bedingung

12. Les enfants ont cassé la fenêtre en jouant au ballon.

    ☐ Gleichzeitigkeit   ☐ Zugeständnis   ☐ Art und Weise   ☐ Bedingung

13. En envoyant ta candidature dans différentes entreprises tu aurais de meilleures chances de trouver un travail.

    ☐ Gleichzeitigkeit   ☐ Zugeständnis   ☐ Art und Weise   ☐ Bedingung

14. Je me suis endormi en regardant la télévision.

    ☐ Gleichzeitigkeit   ☐ Zugeständnis   ☐ Art und Weise   ☐ Bedingung

15. Elle mange du sushi tout en étant allergique au poisson.

    ☐ Gleichzeitigkeit   ☐ Zugeständnis   ☐ Art und Weise   ☐ Bedingung

Exercice 4 – Traduisez les phrases suivantes en utilisant le gérondif.

sich fit halten
– se garder en forme

1. Mein Großvater hält sich fit, indem er jeden Tag fünf Kilometer läuft.

2. Ich habe die Zeitung gelesen, während ich auf den Zug gewartet habe.

jdn. nachahmen – imiter qn

3. Kinder lernen viel von den Erwachsenen, indem sie sie nachahmen.

4. Er hat ihr rote Rosen geschenkt, obwohl er weiß, dass sie Blumen nicht mag.

eine Ausgrabung – une fouille
ausführen – effectuer

5. Die Archäologen haben römische Ruinen entdeckt, als sie in der Altstadt Ausgrabungen ausgeführt haben.

6. Meine Cousine studiert Physik und trainiert nebenbei für die Europameisterschaft in Schwimmen.

7. Man kann die Farbe Grün bekommen, indem man die Farbe Blau mit der Farbe Gelb vermischt.

8. Meine Großmutter sagte immer zu mir: „Wenn du zu oft fernsiehst, wirst du schlechte Augen haben."

einschlafen – s'endormir

9. Mein Vater schläft immer ein, wenn er sich klassische Musik anhört.

x kilo abnehmen – perdre x kilos
Süßigkeiten – des sucreries

10. Er hat zwanzig Kilo verloren, indem er keine Süßigkeiten mehr gegessen hat.

11. Dieser Lehrer schaut seinen Schülern nie in die Augen, wenn er mit ihnen spricht.

12. Er wollte dieses Auto kaufen, obwohl er es noch nie gesehen hatte.

Exercice 5 – Remplacez les phrases relatives par un participe présent.

1. Les personnes qui font du sport régulièrement vivent plus longtemps.

2. Les élevés qui désirent participer à l'échange scolaire doivent s'inscrire avant vendredi.

3. Un homme qui portait un paquet suspect est entré dans la banque vers 14 heures.

4. Londres est une ville qui compte plusieurs musées.

5. Les gens qui fument dans les endroits publics nuisent à la santé des non-fumeurs.

   nuire – schaden (wird wie *conduire* konjugiert)

6. Les automobilistes qui ne respectent pas la limite de vitesse seront sévèrement punis.

7. L'homme qui lui envoie toujours des roses est un ancien camarade de classe.

8. Le koala est un animal originaire d'Australie qui se nourrit de feuilles d'eucalyptus et qui peut dormir pendant près de 40 heures.

   se nourrir – sich ernähren (wird wie *finir* konjugiert)

9. Les automobilistes qui n'étaient pas équipés de pneus d'hiver ne pouvaient pas avancer dans la neige.

10. Au cirque, nous avons vu une femme qui marchaint sur un fil de fer, un homme qui faisait des acrobaties sur un trapèze et des lions qui sautaient à travers un anneau de feu.

    un fil de fer – ein Drahtseil

Exercice 6 – Décrivez les professions suivantes en utilisant le participe présent.

Beispiel:

concevoir – entwerfen

architecte (concevoir des maisons)

Un architecte est une personne concevant des maisons.

1. une infirmière (s'occuper des malades)

2. un mécanicien (réparer des voitures)

3. une journaliste (faire des reportages)

4. un comédien (joue un rôle au théâtre ou à la télévision)

enquêter sur une affaire
– in einem Fall ermitteln

5. un détective (enquêter sur une affaire)

6. un boulanger (travaille la farine et cuire le pain)

un comptable – ein Buchhalter
tenir les livres
– die Bücher führen

7. un comptable (tenir les livres d'une entreprise)

8. un pompier (éteindre des feux)

un charpentier
– ein Zimmermann

9. un charpentier (construire des maisons)

10. un dentiste (soigner les dents)

11. une libraire (vendre des livres)

12. un jardinier (cultiver des plantes)

13. un photographe (prendre des photos)

un instrument de musique à
cordes – ein Streichinstrument

14. un luthier (fabriquer des instruments de musique à cordes)

Exercice 7 – Traduisez les phrases suivantes. Utilisez le participe présent ou le gérondif.

1. Da er krank ist, wird mein Sohn heute nicht in die Schule gehen.

2. Er spielt jede Woche Lotto, obwohl er weiß, dass er kein Glück hat.

3. Leute, die nie Sport treiben, sind öfters krank als die Leute, die regelmäßig trainieren.

   Sport treiben – faire du sport
   trainieren – s'entraîner

4. Die neue Regierung hilft den jungen Familien, indem sie ihnen kostenlose Kindergärten anbietet.

5. Die Raucher kämpfen gegen das Gesetz, das die Zigarette in öffentlichen Gebäuden verbietet.

   ein Gebäude – un édifice

6. Da er seit zwei Jahren arbeitslos ist, musste er sein Haus verkaufen.

   arbeitslos sein
   – être au chômage

Exercice 8 – Traduisez les phrases suivantes et mettez le gérondif ou le participe présent.

1. Der Zeuge sah einen großen blonden Mann, der aus dem Museum herauskam.

2. Als er aus dem Museum herauskam, sah der Zeuge einen großen blonden Mann.

3. Herr Dupont schaut immer die Nachrichten an, während er isst.

   die Nachrichten
   – les informations

4. Da er keine Pommes mehr isst, hat er fünf Kilo verloren.

5. Der Lehrer hat Schüler überrascht, die in der Pause eine Zigarette rauchten.

6. Als er die Schule verließ, hat der Lehrer Schüler mit Zigaretten erwischt.

Exercice 9 – Traduisez le texte suivant.

 Utilisez le gérondif ou le participe présent, là où c'est possible.

Mystérieuse disparition/Seltsames Verschwinden

1. Da sie ihn seit mehreren Tagen nicht gesehen hatten, haben die Nachbarn eines 80-jährigen Mannes die Polizei angerufen.

2. Sie hatten mehrmals bei ihm geklingelt, aber der alte Mann, der seit dem Tod seiner Frau allein lebte, machte nie auf.

eine Beziehung – une relation
bügeln – repasser

3. Sie hatten gute Beziehungen zu dem Mann und kümmerten sich um ihn, indem sie für ihn bügelten und kochten.

ein/e Hausmeister/in
 – un/e concierge

4. Da die Polizei nicht wusste, ob der alte Mann sehr krank oder vielleicht sogar tot war, hat sie die Wohnung vom Hausmeister aufmachen lassen.

erleichtert sein – être soulagé

5. Der Mann war nicht in seiner Wohnung. Die Polizei war erleichtert, obwohl sie keine Idee hatte, wo sie jetzt suchen sollte.

etw. aufgeben
 – *hier* faire passer qch
eine Suchanzeige
 – un avis de recherche

6. Man gab eine Suchanzeige auf, die den alten Mann beschrieb.

ein/e Angestellte/r
 – un/e employé/e

7. Eine Angestellte der Lufthansa rief dann bei der Polizei an. Sie hatte vier Tage davor einen alten Mann gesehen, der einen Flug nach Marokko gebucht hatte.

sich verlieben
 – tomber amoureux de
eine Hochzeitsreise
 – un voyage de noces

8. Am nächsten Tag bekamen die besorgten Freunde des alten Mannes eine Postkarte aus Casablanca: „Als ich sie gesehen habe, habe ich mich sofort in sie verliebt. Wir sind jetzt auf Hochzeitsreise. Bis bald, M."

Exercice 10 – Participe présent ou adjectif verbal? Choisissez la bonne forme. (Streiche das falsche Wort aus.)

1. C'est une femme *séduisant/séduisante* tous les hommes.

2. Alain raconte toujours des histoires *divertissant/divertissantes* .

3. À Noël, Alexandra a reçu une poupée *dansant/dansante* le ballet.

4. Cela porte chance de voir une étoile *filant/filante* .

5. Mme Durand est une vieille dame *souriant/souriante* à toutes les personnes qui la croisent.

6. Les agents de conservations sont des produits *provoquant/provocants* de graves allergies chez certaines personnes.

7. Tard dans la nuit, les gendarmes ont arrêté la conductrice d'une Porsche *filant/filante* à plus de 200 km/h sur la nationale.

8. Ce journaliste écrit toujours des articles *provoquant/provocants* .

9. Comme ils ont fait une randonnée très *fatiguant/fatigante*, les enfants se sont couchés très tôt.

10. MTV est une chaîne de télévision *divertissant/divertissante* les jeunes *aimant/aimants* la musique rock.

séduire qn – jdn. verführen

divertir qn – jdn. unterhalten

filer – rasen, flitzen

croiser qn – jdn. begegnen

un agent de conservation – ein Konservierungsstoff

Exercice 11 – Traduisez le texte suivant en utilisant le gérondif, le participe présent ou l'adjectif verbal quand c'est possible.

Génial, le portable? – Geniales Handy?

1. Das Handy ist eine Erfindung, die uns das Leben viel einfacher gemacht hat.

etwas einfacher machen – simplifier qch

2. Leute, die ein Handy besitzen, sind ganz einfach flexibler.

3. Sie können zum Beispiel jemanden anrufen, während sie auf den Zug warten.

4. Wenn man ein Handy hat, kann man jemandem Bescheid sagen, dass man verspätet sein wird.

jdm. Bescheid sagen – avertir qn

5. Außerdem kann man überall und immer nach Hilfe rufen, indem man sein Handy benutzt.

nach Hilfe rufen – demander de l'aide

6. Da das Handy so praktisch ist, gibt es mehr und mehr Leute, die ohne es nicht mehr leben können.

etw. beinhalten – comporter qch

7. Das Handy ist leider eine Erfindung, die auch negative Aspekte beinhaltet.

ein Klingelton – une sonnerie
nervig – énervant

8. Es gibt zum Beispiel Klingeltöne, die furchtbar nervig sind.

störend – dérangeant

9. Die Leute, die ein Handy benutzen, sprechen oft sehr laut und vergessen ganz einfach, dass wir ihre Gespräche hören. Das ist sehr störend.

jdn. beeindrucken
     – impressionner qn

10. Oft wollen die Jugendlichen ihre Freunde nur beindrucken, indem sie sehr teure Handys kaufen.

schlimmer noch – pire encore
sich gegenüber verhalten
     – se comporter avec

11. Schlimmer noch: Wenn man immer mit dem Handy kommuniziert, weiß man nicht mehr, wie man sich Leuten gegenüber normal verhält.

TABLEAU DES VERBES IRRÉGULIERS

infinitif	présent	passé comp.	imparfait	futur	subjonctif
aller	je vais tu vas il va nous allons vous allez ils vont	je suis allé(e) ils allaient	j'allais nous allions	j'irai nous irons ils iront	que j'aille que nous allions qu'ils aillent
apercevoir → recevoir		j'ai aperçu			
apprendre → prendre		j'ai appris			
s'asseoir	je m'assois nous nous asseyons ils s'assoient	je me suis assis(e)	je m'asseyais nous nous asseyions ils s'asseyaient	je m'assiérai nous nous assiérons ils s'assiéront	que je m'asseye que nous nous asseyions qu'ils s'asseyent
battre	je bats nous battons ils battent	j'ai battu	je battais nous battions ils battaient	je battrai nous battrons ils battront	que je batte que nous battions qu'ils battent
(se) battre → battre		je me suis battu(e)			
boire	je bois nous buvons ils boivent	j'ai bu	je buvais nous buvions ils buvaient	je boirai nous boirons ils boiront	que je boive que nous buvions qu'ils boivent
comprendre → prendre		j'ai compris			
conduire	je conduis nous conduisons ils conduisent	j'ai conduit	je conduisais nous conduisions ils conduisaient	je conduirai nous conduirons ils conduiront	que je conduise que nous conduisions qu'ils conduisent
connaître	je connais il connaît nous connaissons ils connaissent	j'ai connu	je connaissais il connaissait nous connaissions ils connaissaient	je connaîtrai il connaîtra nous connaîtrons ils connaîtront	que je connaisse qu'il connaisse que nous connaissions qu'ils connaissent
construire → conduire		j'ai construit			
courir	je cours nous courons	j'ai couru	je courais nous courions	je courrai nous courrons	que je coure que nous courions
craindre	je crains nous craignons ils craignent	j'ai craint	je craignais nous craignions ils craignaient	je craindrai nous craindrons ils craindront	que je craigne que nous craignions qu'ils craignent
croire	je crois nous croyons ils croient	j'ai cru	je croyais nous croyions ils croyaient	je croirai nous croirons ils croiront	que je croie que nous croyions
cuire → conduire		j'ai cuit			
devoir	je dois nous devons ils doivent	j'ai dû	je devais nous devions ils devaient	je devrai nous devrons ils devront	que je doive que nous devions qu'ils doivent
décrire → écrire		j'ai décrit			
découvrir → offrir		j'ai découvert			
détruire → conduire		j'ai détruit			

infinitif	présent	passé comp.	imparfait	futur	subjonctif
dire	je dis nous disons vous dites ils disent	j'ai dit	je disais nous disions vous disiez ils disaient	je dirai nous dirons vous direz ils diraient	que je dise que nous disions que vous disiez qu'ils disent
écrire	j'écris nous écrivons ils écrivent	j'ai écrit	j'écrivais nous écrivions ils écrivaient	j'écrirai nous écrirons ils écriront	que j'écrive que nous écrivions qu'ils écrivent
s'enfuir	je m'enfuis nous nous enfuyons ils s'enfuient	je me suis enfui(e)	je m'enfuyais nous nous enfuyions ils s'enfuyaient	je m'enfuirai nous nous enfuirons ils s'enfuiront	que je m'enfuie que nous enfuyions qu'ils s'enfuient
éteindre → craindre		j'ai éteint			
faire	je fais nous faisons vous faites ils font	j'ai fait	je faisais nous faisions vous faisiez ils faisaient	je ferai nous ferons vous ferez ils feront	que je fasse que nous fassions que vous fassiez qu'ils fassent
falloir (impersonnel: 3ème p. sing. seulement)	il faut	il a fallu	il fallait	il faudra	qu'il faille
lire	je lis nous lisons ils lisent	j'ai lu	je lisais nous lisions ils lisaient	je lirai nous lirons ils liront	que je lise que nous lisions qu'ils lisent
mettre	je mets nous mettons ils mettent	j'ai mis	je mettais nous mettions ils mettaient	je mettrai nous mettrons ils mettront	que je mette que nous mettions qu'ils mettent
mourir	je meurs nous mourons ils meurent	je suis mort(e)	je mourais nous mourions ils mouraient	je mourrai nous mourrons ils mourront	que je meure que nous mourions qu'ils meurent
offrir	j'offre nous offrons	j'ai offert	j'offrais nous offrions	j'offrirai nous offrirons	que j'offre que nous offrions
ouvrir → offrir		j'ai ouvert			
peindre → craindre		j'ai peint			
plaire	je plais il plaît nous plaisons	j'ai plu	je plaisais il plaisait nous plaisions	je plairai il plaira nous plairons	que je plaise qu'il plaise que nous plaisions
se plaindre → craindre		je me suis plaint(e)			
pleuvoir (impersonnel: 3ème p. sing. seulement)	il pleut	il a plu	il pleuvait	il pleuvra	qu'il pleuve
pouvoir	je peux nous pouvons ils peuvent	j'ai pu	je pouvais nous pouvions ils pouvaient	je pourrai nous pourrons ils pourront	que je puisse que nous puissions qu'ils puissent
prendre	je prends nous prenons ils prennent	j'ai pris	je prenais nous prenions ils prenaient	je prendrai nous prendrons ils prendront	que je prenne que nous prenions qu'ils prennent
promettre → mettre		j'ai promis			
recevoir	je reçois nous recevons ils reçoivent	j'ai reçu	je recevais nous recevions ils recevaient	je recevrai nous recevrons ils recevront	que je reçoive que nous recevions qu'ils reçoivent

infinitif	présent	passé comp.	imparfait	futur	subjonctif
rejoindre → craindre		j'ai rejoint			
rire	je ris nous rions ils rient	j'ai ri	je riais nous riions ils riaient	je rirai nous rirons ils riront	que je rie que nous riions qu'ils rient
savoir	je sais nous savons ils savent	j'ai su	je savais nous savions ils savaient	je saurai nous saurons ils sauront	que je sache que nous sachions qu'ils sachent
souffrir → offrir		j'ai souffert			
suivre	je suis nous suivons ils suivent	j'ai suivi	je suivais nous suivions ils suivaient	je suivrai nous suivrons ils suivront	que je suive que nous suivions qu'ils suivent
se taire	je me tais nous nous taisons ils se taisent	je me suis tu(e)	je me taisais nous nous taisions ils se taisaient	je me tairai nous nous tairons ils se tairont	que je me taise que nous nous taisions qu'ils se taisent
traduire → conduire		j'ai traduit			
venir	je viens nous venons ils viennent	je suis venu(e)	je venais nous venions ils venaient	je viendrai nous viendrons ils viendront	que je vienne que nous venions qu'ils viennent
voir	je vois nous voyons ils voient	j'ai vu	je voyais nous voyions ils voyaient	je verrai nous verrons ils verront	que je voie que nous voyions qu'ils voient
vouloir	je veux nous voulons ils veulent	j'ai voulu	je voulais nous voulions ils voulaient	je voudrai nous voudrons ils voudront	que je veuille que nous voulions qu'ils veuillent
vivre	je vis nous vivons ils vivent	j'ai vécu	je vivais nous vivions ils vivaient	je vivrai nous vivrons ils vivront	que je vive que nous vivions qu'ils vivent

In der Reihe
»DAS LERNSTOFF ÜBUNGSBUCH«
sind bisher erschienen:

Basiswissen Englisch
Band 1: Die Zeiten

144 Seiten, 16 Seiten Lösungsheft

ISBN 978-3-937270-00-5

Basiswissen Englisch
Band 2: Die Verben

144 Seiten, 16 Seiten Lösungsheft

ISBN 978-3-937270-01-2

Basiswissen Englisch
Band 3: Adjektiv, Adverb ...

144 Seiten, 16 Seiten Lösungsheft

ISBN 978-3-937270-02-9

In Vorbereitung:

Basiswissen Latein

In jeder Buchhandlung
erhältlich